朝鮮民主主義人民共和国

米国との対決と核・ミサイル開発の理由

伊藤孝司
ITOH Takashi

一葉社

まえがき

二〇一八年六月一二日にシンガポールで、朝鮮（朝鮮民主主義人民共和国）と米国との首脳会談が行なわれた。共同声明では「トランプ大統領は朝鮮に体制の保証を与えると約束し、金正恩《キムジョンウン》委員長は朝鮮半島の完全な非核化に向けた断固とした揺るぎない決意を確認した」とする。トランプ大統領はその後の記者会見で、米韓合同軍事演習の中止にも言及した。激しく敵対してきた両国の歴史を深く知る者にとって夢のような出来事である。歴史というものは、このように大きく動く時があることを改めて知った。

二〇一七年一月二〇日に誕生したトランプ大統領は、朝鮮の金正恩朝鮮労働党委員長との会談に前向きな発言をし、朝鮮もそれに関心を示した。ビジネスマンであるトランプ大統領は従来の米国のどの大統領とも異なり、米朝の長い政治的駆け引きの泥沼のような歴史と無縁なところで交渉できる可能性を感じたからだ。

だが朝鮮はすぐには交渉しようとせず、二月～一一月までに、六回目の核実験と一五回もの弾道ミサイルの実験を繰り返す。それは米国まで到達する核ミサイルを完成させることで「対等な立場」でトランプ政権と交渉し、米朝関係改善を今度こそ実現させるためだった。そして一一月二九日には「核戦力完成」を宣言。

こうした朝鮮に対し、米国だけでなく日本と韓国は、独自制裁だけでなく国連の「安全保障理事会」へ働きかけて強力な制裁を実施してきた。米国による朝鮮への軍事攻撃がいつ行なわれてもおかしくないほど緊張は極限にまで達する。

ところがその状況が一八〇度変わったのは、二〇一八年一月一日の金正恩委員長による「新年のあいさつ」である。「今年はわが人民が共和国創建七〇周年を祝い、南朝鮮（韓国）では冬季五輪競技大会が開かれ、北と南には意義ある年だ」とし、平昌《ピョンチャン》五輪への代表団派遣を提案したのだ。

二月二八日からの大会への朝鮮の選手団や応援団の参加によって、南北関係は一気に関係改善へと向かう。四月二七日の南北首脳会談では、板門店《パンムンジョム》の軍事境界線を金正恩委員長と韓国の文在寅《ムンジェイン》大統領が手を取り合って越えた。その後、五月二六日にも会談が行なわれる。

朝鮮の核・ミサイル開発によって中朝関係も悪化していたが、中国の習近平主席との首脳会談が三月二五日と五月七日に実現。こうして朝鮮は韓国と中国との関係改善を成し遂げ、米国・トランプ大統領との首脳会談の後ろ盾としたのである。

このように朝鮮は見事な外交を繰り広げ、米朝首脳会談へとこぎつけた。ただ朝鮮半島の非核化が成し遂げられ米朝が友好的関係になるまでには、まだまだ時間が必要だろう。

核兵器は人類と共存できない。朝鮮を含むあらゆる国のすべての核兵器は、廃絶されるべきである。

朝鮮が「反米」を掲げ、核・ミサイル開発をする国家になった理由は、朝鮮半島の歴史から考える必要がある。そのことを自らの長年の朝鮮取材をふまえ、分かりやすく解き明かそうというのがこの本の目的だ。

なお日本では、政府やマスメディアだけでなく社会でも「朝鮮民主主義人民共和国」を「北朝鮮」と呼んでいる。何よりも日本での「北朝鮮」という呼び方には、日本による朝鮮植民地支配の時から続く朝鮮人への侮蔑や差別の意識が根底にある。そのため、「朝鮮民主主義人民共和国」の人たちは「北朝鮮」と呼ばれることに強く反発している。

「朝鮮民主主義人民共和国」を朝鮮半島の北側という意味で「北朝鮮」とするのであれば、「大韓民国」は「南朝鮮」と呼ぶべきである。双方を国名で呼ぶなら「朝鮮民主主義人民共和国」ないしはそれを略した「朝鮮」、同じように「大韓民国」「韓国」とするべきだ。この本では後者の呼び方をしている。

２０１８年７月１日

伊藤孝司

板門店の朝鮮人民軍将校と窓の外の韓国軍兵士

朝鮮民主主義人民共和国
――米国との対決と核・ミサイル開発の理由

目次

まえがき　3
第1章　朝鮮は米国をどうみているか　9
第2章　米国による干渉と敵対の歴史　20
第3章　核・ミサイル開発の理由と経緯　44
第4章　朝鮮が米国に求めているもの　68
第5章　米朝対立と日本　77
あとがき　90

凡例

一、朝鮮半島の国家の呼び名を、一九四五年八月一五日以前を「朝鮮半島」としている。それ以降は、一九四八年九月九日の朝鮮民主主義人民共和国建国までの北緯三八度線北側を「朝鮮半島北側」、建国以降は「朝鮮民主主義人民共和国」ないし「朝鮮」としている。同じように、一九四八年八月一五日の大韓民国建国までの南側を「朝鮮半島南側」、建国以降は「大韓民国」ないし「韓国」とした。

二、一般的に「日本軍慰安婦」「従軍慰安婦」と呼ばれている女性たちを「日本軍性奴隷被害者」とした。女性たちは自らの意志で「従軍」したのではなく、受けた過酷な被害の実態は「慰安」という言葉とはほど遠く「性奴隷」が正確だからである。

三、固有名詞の読み方は、朝鮮民主主義人民共和国と大韓民国のそれぞれの使い方に合わせている。

四、特に説明のない年号は、すべて西暦である。

五、米国ドルの金額で、日本円での換算額が入っていない箇所がある。それは、為替レートが現在と異なるので、正確な数字が分からないためである。

付物・本文写真／伊藤孝司
カバー「祖国解放戦争勝利記念館」
表紙「板門店」
装丁／松谷剛

第1章　朝鮮は米国をどうみているか

日常生活に染み込んだ「反米」

朝鮮では五月一日のメーデーは祝日になっており、人々は行楽地へと繰り出す。平壌《ピョンヤン》市内のそうしたどの場所でも、木々の間から煙が立ち上っているのが遠くからでも見える。その煙の正体はバーベキュー。シートを広げることができるすべてのスペースに、家族や仲間たちでびっしりと車座に座り、盛大に肉などを焼いているのだ。こうした光景にカメラを向けていると、必ずといって良いほど手招きされる。撮影をとがめるのではなく「お前もここへ来て一杯やれ！」ということなのだ。しかも食材を入れてきたと思われる大きな器に、ビールや焼酎を大量に注いでくれる。そしてお決まりのように若い女性が、焼き肉を箸で口に入れてくれる。もちろん、私が日本人であると分かってのことだ。

そしてこの日は、行楽地の一つである平壌郊外の「大城山《テソンサン》遊戯場」で、さまざまなイベントが行なわれる。屋外ステージでの音楽公演や伝統的なブランコなどに人々は群がるが、職場などのグループ対抗の競技が大いに盛り上がる。その中で、他の国では見ることができないのが「米兵叩き」。目隠しして棒を持った人が仲間たちの声に誘導され、米兵の看板を叩いて戻って来るという大人気の競技なのだ。

平壌市郊外の大城山でバーベキューを楽しむ人びと

目隠しして米兵の看板を叩く人気の競技

こうした娯楽にも、この国の人たちが米国をどのように捉えているかが良く表われている。街中に設置されている巨大な看板だけでなく、小さな子どもたちが通う学校などにも、さまざまな「反米」の絵画やスローガンがあふれている。ひと言でいえば、朝鮮は「反米国家」である。

「ストックホルム国際平和研究所」が発表した二〇一七年の世界全体の軍事費の総額は一兆七三九〇億ドル（約一九〇兆円）。もっとも多いのは米国の六一一〇億ドル（約六七兆円）で、二番目の中国の二二八〇億ドル（約二五兆円）を大きく引き離すなど突出している。朝鮮はこの米国を徹底的に忌み嫌い、超軍事大国の米国と対峙してきた。

米国との対決の歴史が分かる博物館

朝鮮には、長年にわたる米国との対決の歴史が良く分かる場所がある。それはいくつかある博物館だ。もっとも歴史が長いのは「朝鮮革命博物館」（開館：一九四八年）。万寿台《マンスデ》の金日成《キムイルソン》主席と金正日《キムジョンイル》総書記の銅像の後ろにある建物だ。

老朽化したために長らく閉館していたが、二〇一七年三月にリニューアルオープン。延床面積は五万四〇〇〇平方メートル。朝鮮解放への戦いと社会主義建設の歴史などが、約一〇〇室に展示されている。日本に関する展示室には、植民地支配を解説した写真パネルだけでなく、その時に使われていた質素な日用品や、日本の軍人や警察官の刀剣なども並ぶ。

同じく平壌市内にあるのが「祖国解放戦争勝利記念館」（開館：一九五三年）。ここは朝鮮戦争についての博物館である。この建物も老朽化がひどかったが、金正恩《キムジョンウン》時代になると全面的な改築を実施。平

万寿台に建つ銅像の後方に「朝鮮革命博物館」がある

「朝鮮革命博物館」に展示されている抗日武装闘争時の姿の金日成主席

大規模に改築された「祖国解放戦争勝利記念館」

壌市中心部の広大な敷地に、建て直された巨大な展示館がある。中へ入るとすぐに広いホールになっていて、そこに軍服姿の若き日の金日成像がある。私は最初に見た時、その顔と姿から金正恩委員長だと思った。

展示室では、朝鮮戦争を中心とした米国との軍事衝突のようすを細かく解説。また屋外には、米軍から鹵獲《ろかく》した戦闘機や戦車などの兵器や、戦う兵士たちの巨大な像が並ぶ。この博物館は、朝鮮の米国との対決の象徴である。

また二〇一六年六月には、朝鮮と日本・米国との歴史を若い世代に教育することを目的とした「中央階級教養館」が平壌市内にオープンしている。

そして黄海南道《ファンヘナムド》信川《シンチョン》郡にある「信川博物館」では、朝鮮戦争での米軍などによる住民虐殺に限定した展示をしている。この博物館は、以前と異なる場所に建て直された。博物館の解説員は次のように語る。

「金正恩委員長は二〇一四年一一月、新しい時代の

「祖国解放戦争勝利記念館」で展示されている銃など

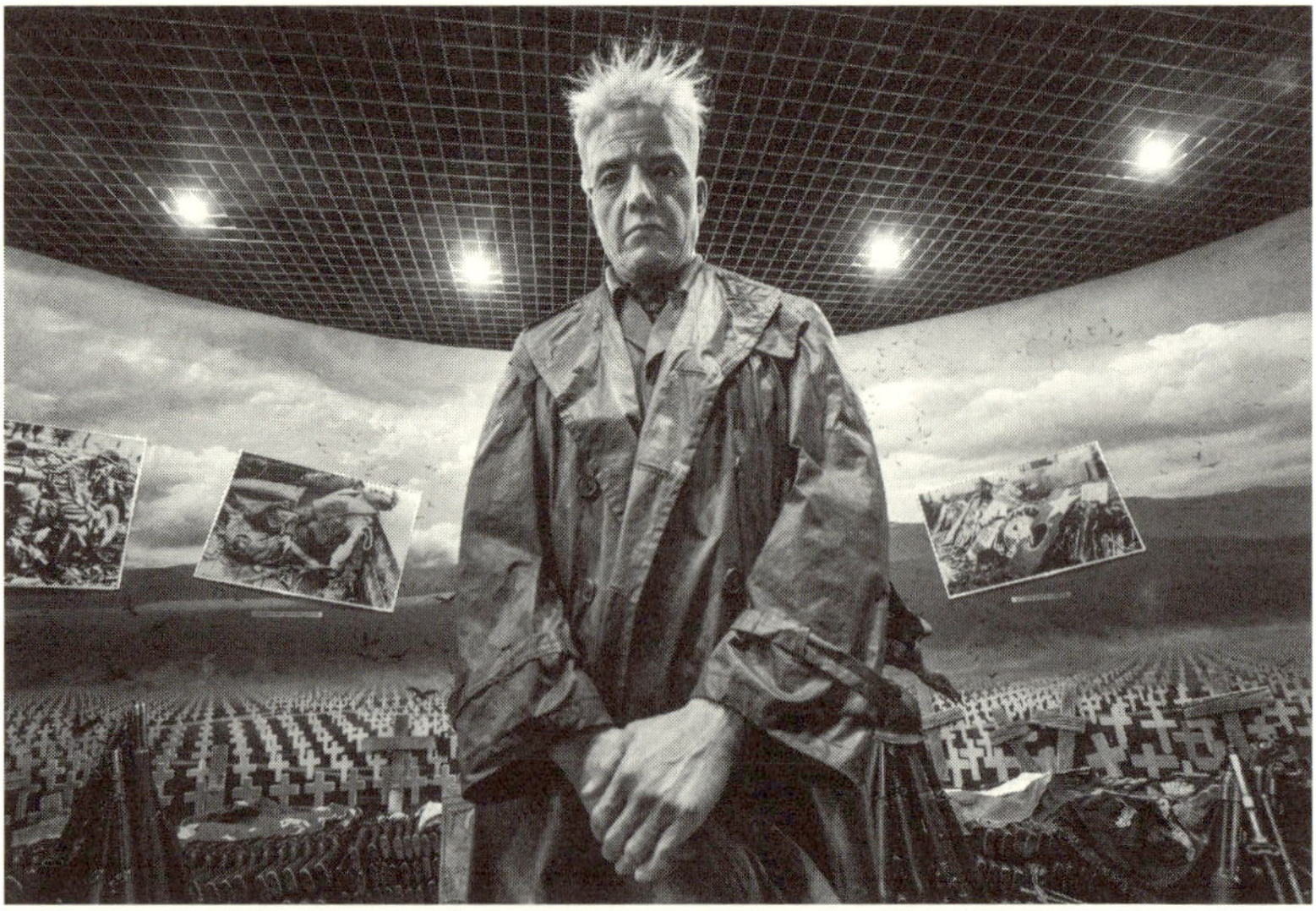

「祖国解放戦争勝利記念館」の米軍敗残兵のリアルな人形

この場所で殺された人たちの墓の後方に建つ「信川博物館」

反帝・反米教育をするため立派に建て直すようにと現地指導されました。翌年二月に着工してから四カ月間足らずで完成したんです」

このように、米国との対立の歴史に関する博物館を次々と大規模に改装・改築した理由は、米国との敵対関係の解消にはまだ長い時間がかかるとの判断と、大国に翻弄されてきた歴史を若い世代へ伝承するためだろう。

住民虐殺現場に建つ「信川博物館」

二〇一七年四月、「信川博物館」を久しぶりに訪ねた。平壌市から車で約九〇分。雨の中を女性の解説員が出迎えてくれた。巨大で立派な博物館に生まれ変わっている。建物の正面には「信川の血の教訓を忘れるな！」との大きなスローガンが掲げられている。そもそもこの場所は虐殺現場の一つ。今もその一部が残る火薬倉庫で、四〇〇人の母親と一〇二人の子どもが殺され、その人たちの墓が以前からある。

その後方に、新博物館が建てられたのだ。

以前の博物館には、信川に何カ所もある虐殺現場での発掘時の写真や人々の遺髪や靴・日用品などが数多く展示されていた。新博物館はそれに加え、非常にリアルな人形を使ったり精巧なジオラマを多用したりして凄惨な事件現場を再現している。さらに、おどろおどろしい音楽や女性と子どもたちの叫び声などの音響が加わり、虐殺のようすが強烈に伝わってくる。私は撮影の途中で気分が悪くなった。

「この博物館は反米・反帝教育の重要拠点の一つです。金日成主席は（朝鮮）戦争休戦の一七日後にこの信川を軍服姿で訪れました。そして米国の蛮行を暴露する博物館を建てるようにと指導され、一九六〇年六月に開館しました」

朝鮮戦争は一九五〇年六月二五日に始まり、一九五三年七月二七日に休戦。米軍が一時的に占領した北緯三八度線以北の数多くの場所で、住民が集団虐殺されたという。一九七七年に朝鮮で出版された『アメリカ帝国主義は朝鮮戦争の挑発者』（平壌・外国文出版社）には、三四カ所の集団虐殺現場での死者数を約一七万人としている。

そのうち、もっとも死者が多かったのが信川。米軍占領下の一九五〇年一〇月一七日から一二月七日までの間に、三万五三八三人が殺されたという。パブロ・ピカソが一九五一年に発表した「朝鮮の虐殺」という絵は、この事件を描いたものだ。

館内の後は、屋外の虐殺現場を見学するようになっている。火薬倉庫だった建物の、コンクリート部分だけが残る。ここで生き残ったチョン・グンソンさんが解説してくれる。

「信川博物館」に展示されている虐殺された人たちの髪の毛

信川の虐殺現場の一つには虐殺のようすを描いた絵画が掲げられている

生き残ったチョン・グンソンさん

「米軍はこの二つの倉庫に住民九〇〇人以上を詰め込み、撤退することを決めた一週間後にガソリンをかけて火を付けたのです。肉と布が燃える匂いで私は意識を失いました」

「信川博物館」の年間参観者は国内からは三〇〜四〇万人で、海外からは約二万人。朝鮮戦争を共に戦った中国やロシア（当時はソ連）だけでなく、米国・英国・オーストラリアなどの「敵国」だった国からも訪れるという。

展示は、信川での住民虐殺は「米軍による戦争犯罪」との主張が貫かれている。だが韓国には、社会主義政権と対立していたプロテスタント住民によるものとの説がある。また『アメリカ帝国主義は朝鮮戦争の挑発者』には、信川を占領した米軍司令官が「反動的地主、悪質宗教者、高利貸業者、やくざ者など人間の屑をかき集めて、虐殺蛮行にかり立てた」と記されている。私は解説員に、虐殺は米軍と民間人のどちらによるものが多かったのかと聞いた。

「キリスト教徒による虐殺の事実もあります。米国は侵略の野望を実現するために、百数十年前からキリスト信者を朝鮮へ派遣していました。虐殺は、基本的には米軍が張本人です」

米国との敵対関係が長期に及ぶ中で「米軍による虐殺」と単純化されてきたようだ。朝鮮が今でも、キリスト教に異常なまでの警戒心を持つのはこうした歴史があるからだ。

どの博物館も「朝鮮人民の不倶戴天の敵」として米国を徹底的に批判し「反米」を煽っている。それは米国と友好的な関係になる日まで、この国を守るために必要なのだろう。

第2章　米国による干渉と敵対の歴史

大国による干渉と支配のもくろみ

朝鮮半島で成立した国家が、他国を自らが主導して侵略したことはない。だが朝鮮半島は、大国からの干渉を受け続けてきた。とりわけ陸続きの中国からは、絶大な影響と侵略・支配を紀元前から受ける。私が朝鮮の人たちに嫌いな国を聞くと、「中国」との答えがほぼ返ってきた。それは中国との関係が悪くない時期でもそうだったので、古くから苦しめられてきたことへの恨みが、深くしみ込んでいるのだろう。

近代になってからは、覇権と利権を求める欧米が朝鮮半島へ次々と干渉するようになる。一七八七年にフランスの軍艦が、済州島《チェジュド》・鬱陵島《ウルルンド》付近の測量を実施。一八一六年には英国の軍艦が海岸を測量した。一八五三年には、ロシア船が巨文島《クモンド》へ寄港。

そして一八六六年には、いくつもの事件が起きた。三月に朝鮮王朝（李氏朝鮮）末期の王族・興宣大院君《フンソンテウォングン》が、朝鮮半島へ潜入し布教活動をしていたフランス人神父九人と信者を殺害した。これに対してフランスは、一〇月に軍艦七隻で江華島《カンファド》を占領。このフランス軍は撃退されたものの、朝鮮王朝の図書『外奎章閣《エギュチャンガク》』二九七巻を奪い去った。それを「フランス国立図書館」に収蔵してきたが、韓国政府からの強い返還要求を受けて二〇一一年に「永久貸与」という形で戻した。

米国の武装商船「シャーマン号」

私は朝鮮へ行くと、必ずいくつかの書店をのぞく。日朝関係が悪化してからは、日本語で刊行される書籍はごくわずかになった。日本政府が実施している朝鮮への制裁で、日本へ輸出できないばかりか、訪朝した人が購入しても日本の税関で没収されてしまうという状況だからだ。

ところが二〇一六年に出版された『アメリカは朝鮮侵略戦争の放火者』（平壌《ピョンヤン》・外国文出版社）という日本語の分厚い本が積まれているのを見つけた。その本は「アメリカ帝国主義は久しい以前からわが国の侵略を画策してきた朝鮮人民の不倶戴天の仇敵である」という言葉から始まる。

朝鮮民族が、覇権を求め武力を伴って朝鮮半島へやって来た帝国主義国家と初めて衝突したのは、フランス軍艦の来襲を受ける三カ月前の一八六六年七月。米国の武装した商船「ジェネラル・シャーマン号」（プレストン船長）が、朝鮮王朝（一三九二年〜一九一〇年）との交易を求めて大同江《テドンガン》の河口に停泊した。そして、川をさかのぼることを拒否する旨を伝えるために送られた朝鮮の官吏を捕獲。船は平壌の羊角島《ヤンガクド》まで侵入した。

船長は、金・銀・朝鮮人参と米一五〇トンを要求。それが拒否されると川岸を砲撃し、住民約一〇人を殺害した。これに対して住民たちは、夜中に船を攻撃して焼き払ったのである。

米国のアジア艦隊は「シャーマン号事件」への謝罪と通商を求め、一八七一年五月に「コロラド号」など軍艦五隻を江華島へ送った。激しい戦闘によって朝鮮軍は二四〇人以上、米軍一五人の死者が出

主体（チュチェ）思想塔から見た大同江の中州にある現在の羊角島（右上）

た。米軍は戦利品として、朝鮮軍の多数の武器や軍旗を持ち去った。文化財を奪ったフランスと同じように、まさしく海賊行為である。武力で威嚇して通商を求め、それが拒否されると攻撃する。こうした米国の好戦的で傲慢な体質は、現在に至るまで何ら変わることなく続いている。

「シャーマン号事件」を米国による朝鮮侵略との最初の戦いと位置付ける朝鮮は、羊角島近くの大同江右岸に記念碑を建立している。そしてその場所には、米国から鹵獲《ろかく》した武装情報収集艦「プエブロ号」（後述38頁参照）を長らく係留し、歴史教育の場としていた。

なお日本に対して米国は海軍東インド艦隊を、一八四六年（ジェームズ・ビドル司令官）と一八五三年（マシュー・ペリー司令官）に送って通商を求め、「日米和親条約」を締結させている。やり方は、朝鮮に対するのと同じである。

広島の原爆ドーム――広島と長崎で７万人の朝鮮人も被爆した

朝鮮解放と米国による南側の占領

一九四三年一一月二二日からエジプトのカイロで、フランクリン・ルーズベルト米大統領、ウィンストン・チャーチル英首相、蒋介石中国国民政府主席による首脳会談が開催された。そこで発表された「カイロ宣言」には、朝鮮の独立について次のようにある。

「三大国（米国・英国・中国）は朝鮮の人民の奴隷状態に留意し、やがて朝鮮を自由かつ独立のものたらしむるの決意を有す」

日本の無条件降伏は明らかだったにもかかわらず、米国は一九四五年八月六日に広島、九日に長崎へ原爆を投下。戦後のソ連との力関係で優位に立つためや、原爆の破壊力と放射線による人体への影響を知るために使用したのである。被爆してからの五年間に、約三五万人もが死亡。米国にとって核兵器は、失われる膨大な人命のことなど考慮することもなく政治的な思惑で使用するもののようだ。このことはこ

数多くの漁船が係留されている清津港――1945 年8月13日にソ連軍が上陸した

れ以降、朝鮮との何度もの危機の中で明らかになる。

　そして八月一五日、昭和天皇・裕仁《ひろひと》は「ポツダム宣言」を受け入れ、無条件降伏することを発表。朝鮮・台湾・南洋群島などは日本の植民地支配から、日本軍に侵略されていた国々は軍事占領から解放された。それらの国で続けられてきた日本との長い戦いは勝利した。だが朝鮮半島では、そこで暮らす人々の意志とまったく関係なく、大国が分断統治のために熾烈な駆け引きを行なっていた。この後、米国とソ連が厳しく対立する東西冷戦の最前線になることなど、解放の喜びに浸る人々には想像もできなかった。

　一九四五年八月八日、日本に対して宣戦布告をしたソビエト連邦（ソ連）は、その翌日から日本軍への攻撃を開始。朝鮮半島の日本軍は、主力部隊を太平洋地域へ移していたこともあり、中国東北地方からなだれ込んだソ連軍は一気に南に向けて突き進む。そのまま、朝鮮半島のすべてを占領する勢いのソ連軍を米国は阻止しようとした。

「米国務省のチャールズ・ボーンスティールと、彼の同僚で後に国務長官となったディーン・ラスクは、米ソが合意できる境界線の設定という任務を託された時、米誌ナショナル・ジオグラフィックの地図を引っ張り出し、目に入った北緯三八度の直線を選んだ。ソウルがアメリカ側に入っていたからだった」（トム・オコナー『ニューズウィーク日本版』二〇一七年一二月二六日）

八月一一日、米国はソ連へ北緯三八度線での分割統治案を提案。それをソ連はあっさりと受諾したのである。適当に決められた境界線で、米国とソ連が暫定的な占領・管理をすることになった。この北緯三八度線は、植民地支配のために朝鮮半島に駐屯していた日本軍が、北側を「関東軍」、南側を「朝鮮軍」と管轄を分けていたラインでもある。日本による植民地支配が、北緯三八度線で分断された原因の一つになっているのだ。

日本による植民地支配から解放されたにもかかわらず、朝鮮民族の意志に反して米国とソ連という大国の思惑によって朝鮮半島は南北に分断。「カイロ宣言」に基づき、「やがて」独立させるということで大国による管理を始めたのだ。

南北に成立した政府

平壌の中心部にある小高い丘の牡丹峰《モランボン》。一九四五年一〇月一四日、そのふもとの運動場において、金日成《キムイルソン》将軍が凱旋演説をした。現在その場所は「金日成競技場」になっており、その近くには高さ六〇メートルの「凱旋門《ケソンムン》」が建てられ、演説のようすを描いた巨大な壁画がある。

一方の南側では、米軍による支配の中で単独国家へ向けての動きが始まっていた。

凱旋した金日成将軍が演説しているようすを描いた巨大壁画

「米国は第二次世界大戦末期、朝鮮人指導者とはなんらの協議もしないで朝鮮の分割を提起し、ソ連もそれに同意した。ワシントンは米軍に三十八度線以南への進駐を命じ、米軍が解放者として朝鮮に上陸すると宣言した。ところが、南朝鮮駐屯米軍司令官ホッジ中将は、米軍は占領軍であり、自分は南朝鮮地域の支配者であると公言した。（略）事実上、米国務省の内外には朝鮮問題専門家は一人もいなかったし、米国に朝鮮問題を講義する大学もなかった。国務省東アジア課の職員はほとんどが日本専門家で、朝鮮には詳しくなかった」（林昌永《イムチャンヨン》『朝鮮戦争　回答のない質問』一九九三年、平壌・外国文出版社）

　これを書いた林昌永は一九三〇年に米国へ渡り、朝鮮独立運動への支持を得る活動をする。韓国の初代大統領になった李承晩《イスンマン》とは、三〇年以上の交際があった。林は、米軍政からの依頼によって韓国へ赴任。張勉《チャンミョン》政府の下で国連大使を務めたが、朴正熙《パクチョンヒ》の軍事クーデターに抗議して辞任。朝鮮半島での米国の考えや動きを、そのすぐそばでみていた。

北緯三八度線より南側で軍政を始めた米軍は、「占領軍に対する反抗行為および公共の治安と安全を乱すすべての行為は厳重に処罰される」などと、敗戦国に対するような高圧的な統治を始めた。そして朝鮮総督府の統治機構をそのまま使い、日本による支配へ積極的に協力した朝鮮人まで登用した。「米軍地域で米当局は、いかなる朝鮮当局の存在も許さないとし、通訳官を介して統治する米軍政を実施した。米国人は統帥権を完全に掌握し、結局は、南朝鮮駐屯米軍司令官ホッジ将軍から不適格者と言われていた李承晩が、その徹底した反共世界観を背景に、南朝鮮の指導者に選ばれたのである。その後の三年間に、李承晩は非合法的手段ですべての反対派を制圧し、米国の支援で国連に南朝鮮の単独選挙を主管させることに成功した」（同前）

そして米軍支配に反対する動きを徹底的に取り締まり、民族主義者や社会主義者の逮捕・暗殺が頻繁に起きるようになった。この年の一二月二七日に、米国・ソ連・英国・中国による朝鮮半島の独立までの五年間の信託統治に関する「モスクワ協定」が発表された。だが米国は、これがソ連案を元にしたものであったため実施する意思がなかった。

そして一九四七年一一月の「国連総会」は、米国が提案した国連監視下での選挙の実施を採択。翌年二月の「国連小総会」で、朝鮮半島南側だけでの単独選挙実施の決議案を採択した。

そうした米国の動きに対し、四月には平壌で「南北諸政党社会団体代表者連席会議」が開催され、南北統一選挙の実施を決議。しかし五月には南側だけでの選挙が行なわれ、八月一五日に大韓民国の成立が宣言された。米国は韓国を「反共親米」国家として、社会主義のソ連・中国、そして朝鮮半島北

板門店の入口にある「ソウル、70キロ」の標識

側からの防波堤にし、重要な軍事拠点としようとしたのである。

そのため北側では一九四八年九月九日、朝鮮民主主義人民共和国が建国された。北緯三八度線より北側に駐留していたソ連軍は、一二月二六日に撤退を完了。だが一方の米軍は、今に至るまで韓国に駐留したままだ。

「国連」は韓国を、朝鮮半島の唯一の合法政府とした。だが「国連憲章」には次のようにある。

「この憲章のいかなる規定も、本質上いずれかの国の国内管轄権内にある事項に干渉する権限を国際連合に与えるものではなく、また、その事項をこの憲章に基づく解決に付託することを加盟国に要求するものでもない」（第二項第七条）

米国が誕生させた朝鮮半島南側の政府だけを「国連」が認めたことは、「国連憲章」に明らかに違反する。こうした強引なことがまかり通ったのは、この時の「国連」は米国を支持する国々が多数を占めていたからだ。アジア・アフリカ・ラテンアメリカの国々が独立して「国連」へ加盟するのは、一九七〇年代になってからのことだ。こうして米国は「国連」の名の下に朝鮮半島の内政に干渉し、南北分断を固定化したのである。

李承晩は「北進統一」を掲げ、武力で南北統一をするための準備を始めていた。

「かれ（注：李承晩）は当時、すでに北朝鮮にスパイを送り込んでいた。北への奇襲部隊攻撃計画は、その年の秋に起きた麗水《ヨス》と順天《スンチョン》の軍騒擾事件（注：李承晩政権に軍が反乱を起こし、その鎮圧の際に民間人約八〇〇〇を殺害）のため延期せざるを得なかった。翌年、騒擾がほとんど鎮圧されると、李承晩は軍に、三十八度線以北への作戦を推進するよう命じた」（同前）

軍事衝突のすえに朝鮮戦争

朝鮮が米国と決定的な敵対関係になったのは、朝鮮戦争で激しく戦ったからである。一九五〇年六月二五日、朝鮮戦争が始まる。この戦争は突然始まったのではなく、一九四七年から起きた数多くの軍事衝突のすえに始まった。

「南朝鮮の北朝鮮攻撃は北からのものよりはるかにひんぱんにおこなわれ、しかも強力であった。実際、一九四九年一月から一九五〇年六月二十五日まで、国軍（注：韓国軍）は北側へ二千余回もの攻撃を加えている。（略）一九四九年五月、南朝鮮が六個歩兵中隊と数個大隊を投じて起こした激戦で、北朝鮮の兵士四百人と南朝鮮の兵士二十二人が戦死した」（林昌永『朝鮮戦争　回答のない質問』）

米国・韓国や日本は、周到に準備した朝鮮が朝鮮戦争を始めたとしている。だが六月二五日の大規模な衝突が、朝鮮戦争になったのではないか。

かつて働かされた「朝鮮窒素」の場所に立つ尹昌宇さん

私は二〇〇五年五月に、尹昌宇《ユンチャンウ》さん（一九二八年生まれ）に時間をかけた取材をしている。江原道《カンウォンド》に住んでいた彼は、まだ一四歳だった一九四二年八月に咸鏡南道《ハンギョンナムド》興南《フンナム》にあった「朝鮮窒素」へ連行された。この工場は、後に水俣病を起こすことになった「日本窒素」が造った巨大化学コンビナート。工場の労働者たちが戦場へ送られたために、それを穴埋めするために少年たちが動員されたのだ。安全教育もなく、いきなり危険な現場へ投入されたため、尹さんは全身に硝酸を浴びて重傷を負った。

そうした尹さんは解放後、大変な努力をして江原道の新聞『江原人民報』の記者となった。朝鮮戦争が始まった六月二五日は、北緯三八度線近くの協同農場を取材していた。その時に銃声が聞こえてきた。戦場は近かったという。新聞記者であっても、戦争が始まることをまったく予期していなかったのだ。

「わたしがおこなった研究と、李承晩とその活動、かれの側近たちにたいするわたしの理解にもとづけば、南朝鮮が米国の『手先』となって戦争を引き起こしたとする朝鮮民主主義人民共和国の主張は十分に筋が通っているといえる。もう少し正確にいえば、李承晩がダレスの力添えで戦争を起こしたものとわたしは信じるのである」（同前）

朝鮮戦争が始まったのが、米国のダレス国務長官顧問が北緯三八度線を視察した五日後だったのは偶然ではないだろう。

米国に利用された「国連安保理」

米国は、朝鮮半島での内戦へ介入する決断をした。二七日の国連「安全保障理事会（安保理）」において、朝鮮を非難する「安保理決議第八三号」の可決に成功した。ソ連は、中華人民共和国（中国）の国連代表権が認められないことへ抗議していたため、「安保理」での拒否権行使ができなかったのである。そして七月七日の「安保理決議第八四号」では、国連加盟国へ韓国への支援を勧告し、米軍に国連旗の使用を承認した。

そうしてできた「国連軍」は、平和に対する脅威や侵略行為に対する行動を定めた「国連憲章第七章」に基づいて「安保理」が指揮する軍隊ではなかった。「安保理」常任理事国による「軍事参謀委員会」で、意見がまとまらなかったからだ。つまり、米国を支持する国々が自発的に参加する多国籍軍でしかなかった。そして、米国は韓国と一九五三年一〇月に「米韓相互防衛条約」を締結し、現在に至るまで米軍は「国連軍」を名乗って韓国駐留を続けている。

この朝鮮戦争での死者については、さまざまな数字がある。「国連軍」による推計によると、朝鮮側

「祖国解放戦争勝利記念館」に展示されている鹵獲された米軍戦闘機

は市民約二五〇万人・人民軍約二九万人・中国人民義勇軍約五〇万人。韓国側は、市民約一三三万人・韓国軍約六万五〇〇〇人・米軍約四万五〇〇〇人・米軍以外の「国連軍」約三〇〇〇人。つまり朝鮮半島において、三年間で五〇〇万人近くが死亡したのである。

また物的被害は、米軍による徹底した無差別の空爆・砲撃により北緯三八度線以北は完全に焦土と化した。

「米軍は北朝鮮が支配する地域に六三万五〇〇〇トンの爆弾を落とした。(略)三万二五五七トンのナパーム弾も投下した。米空軍のカーチス・ルメイ将軍は一九八四年の米紙ワシントン・ポストに、米軍の空爆で『人口の二〇パーセントを抹殺した』と豪語したほどだ」(トム・オコナー『ニューズウィーク日本版』二〇一七年一二月二六日)

アジア太平洋戦争で米軍が日本に投下した爆弾は約一六万二〇〇〇トンなので、その約四倍にもなる。

「朝鮮窒素」は解放後「興南肥料連合企業所」になった

尹昌宇さんが連行された「朝鮮窒素肥料」は、解放後は「興南肥料連合企業所」となった。この工場の責任者は私に「この巨大な工場は米軍の集中的な攻撃を受け、約八〇パーセントの建物とプラントが破壊されました」と語った。

私は日本による植民地支配についての取材で、日本時代の建築物を平壌だけでなく地方都市でも探し続けてきた。だが朝鮮戦争によって、ほとんど残っていないことが分かった。私が確認した日本時代の建築物は、咸鏡北道《ハムギョンプクド》清津《チョンジン》市の二カ所に日本軍が建設した「慰安所」だけである。これらは米軍の爆撃をまぬがれ、診療所や住居として使われてきたために残った。平壌市や清津市にあるいくつかの日本家屋は、抗日武装闘争に関わる「革命史跡」であるため、元の姿に修復・復元されたものだ。

「七三一部隊」の細菌爆弾を使用した米軍

戦争における生物・化学兵器の使用は、一九二五

「革命史跡」として清津で復元された日本時代の旅館

年の「ジュネーブ議定書」で禁止されている。だが米国は、朝鮮戦争で生物兵器を使用した。この時に米軍が使った細菌爆弾は、日本陸軍「関東軍防疫給水部本部（七三一部隊）」の研究を基にしている。一九四六年五月、米軍の生物戦部隊「第四〇六部隊」が横浜に置かれた。米国は「七三一部隊」の隊長の石井四郎中将などに、戦犯として裁かない代わりとして研究成果の提供と米軍への協力をさせたのだ。

私は二〇〇五年九月に、細菌爆弾が投下された場所の一つである平壌市（二〇一〇年から黄海北道《ファンヘブクド》）勝《スン》湖《ホ》区域馬瀬里《マタンリ》を訪れた。平壌市の中心部から東へ約二・五キロメートルに位置する。ここへ細菌爆弾が投下された時のようすを目撃者たちが説明してくれた。

「異常に気付いたのは、真冬なのに雪の上にたくさんの昆虫が蠢いていたからです」

爆弾が地上に落ちると側面のカバーが外れ、コレラ菌・ペスト菌やチフス菌で汚染されたハエ・ノミ・南京虫などの昆虫が撒き散らされるようになってい

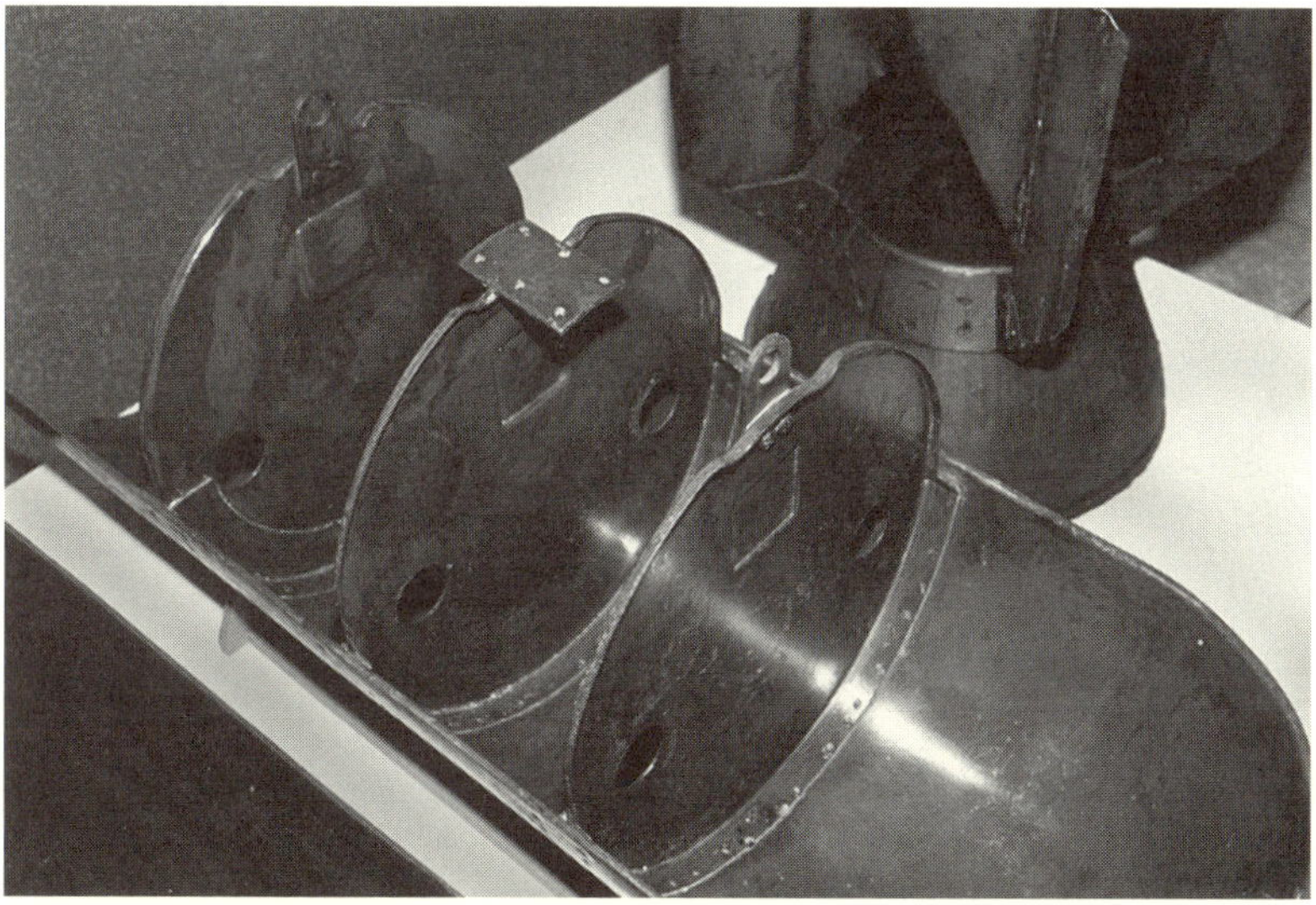

「祖国解放戦争勝利記念館」に展示されている細菌爆弾

た。磁器製の爆弾もあったという。

細菌爆弾は、細菌を地表に運ぶためのものであるため、それ自体は破裂しないので形が残る。その爆弾の現物と採取した昆虫は「祖国解放戦争勝利記念館」に展示されている。

朝鮮はこの事実を国際社会へ伝えるため、国際調査団を受け入れた。一九五二年三月に「国際民主法律家協会」は九カ所で現地調査をし、感染による死者は百数十人と報告している。だが米国は、この生物兵器の使用を否定しており、日本においてもそれに同調する主張がまかり通っている。

マッカーサーの原爆投下計画

朝鮮戦争の初期は朝鮮側が優勢だったが、米軍などによる「仁川《インチョン》上陸作戦」によって朝鮮人民軍は中国との国境近くまで押しやられた。そのため中国は、一九五〇年一〇月に「中国人民志願軍」約七八万人を参戦させた。またソ連は、戦闘機のパイロットな

細菌爆弾に入れられていた汚染昆虫の標本

どを派遣していた。

これに対して「国連軍」司令官マッカーサーは、朝鮮と中国・ソ連とを国境で分断しようとする。中国東北地方へ三〇〜五〇発もの原爆を投下し、放射能汚染させることを計画したのだ。マッカーサーからこの実施を求められたトルーマン大統領は前向きだった。それは当然で、広島・長崎への原爆投下を承認したのはこの大統領である。

ところがこの計画に「北大西洋条約機構（NATO）」諸国が強く反対。休戦を決意せざるを得なくなったトルーマン大統領は、原爆投下を断念しマッカーサーを解任した。一九五三年一月に、トルーマンの次に就任したアイゼンハワー大統領も、朝鮮での原爆使用を検討していたことが一九八四年に公開された外交機密文書で明らかになっている。

一九五三年七月二七日に朝鮮戦争は休戦。「休戦協定」には朝鮮・中国・米国が署名したが、「北進統一」を主張する李承晩大統領の韓国は拒否をした。そ

朝鮮側から見た非武装地帯──正面に韓国軍の陣地がある

して双方の軍が対峙している位置で、現在の軍事境界線が決められた。それは全長約二四八キロメートルあり、南北それぞれに幅二キロメートルの非武装地帯を設けた。

「休戦協定第一三項（d）」には「南北朝鮮が損傷を受けたり使い古した装備の再配備以外には朝鮮に新しい武器を持ち込むべきではない」としている。そのため米国は、核・ミサイルを韓国へ持ち込むため、この項目を一方的に廃棄。そして在韓米軍は、一九五八年一月に核弾頭搭載地対地ロケット「オネスト・ジョン」や「二八〇ミリ原子砲」などの核兵器を配備。もっとも多い時には一〇〇〇発の戦術核兵器を配備したという。

朝鮮戦争参戦時に米国から原爆で攻撃されそうになった中国は、一九五五年に共産党中央委員会政治局において核兵器開発を決定。一九六四年一〇月に、核実験を成功させている。朝鮮はこの戦争で甚大な被害を受け、米国と韓国に対する頑なまでの敵愾

板門店に当時のまま残る休戦協定調印場

心と警戒心を持つようになる。韓国には核兵器を持つ米軍が駐留し、中国とソ連の軍隊が引き揚げるという状況の中で、朝鮮も核兵器保有を考えたとしても不思議ではない。

この朝鮮戦争において超軍事大国の米国は初めて、海外での軍事行動で勝利を得ることができなかった。そのことの影響は東アジアだけに留まらず、アジア・アフリカでの植民地支配からの独立の動きに勢いを与えることになる。そして朝鮮は、「第三世界」の国々と強いつながりを持つことになった。

米国が全面敗北した「プエブロ号事件」

米国はその後も、朝鮮への大規模な軍事攻撃を何度も実行しようとした。一九六八年一月二三日、民間海洋研究船を装った米国海軍の武装情報収集艦「プエブロ号」が、元山《ウォンサン》沖で朝鮮人民軍によって拿捕された。その際の戦闘で、乗員一人が死亡し八二人が捕虜となった。

さまざまな歴史的な出来事の舞台となってきた板門店

「朝鮮は一つだ！」と書かれた板門店の絵画

「プエブロ号」の拿捕に参加した元朝鮮人民軍兵士

それに対して米国のリンドン・ジョンソン大統領は、原子力空母などの大兵力で威嚇して乗員の解放と船体の返還を要求。朝鮮がそれを拒否したため、米国は報復として七〇キロトンの原爆を投下することを検討した。

その時、建国二〇周年祝賀行事の取材のために海外メディアがちょうど平壌を訪れていた。記者たちの要請で開かれた記者会見で「米国政府が謝罪しなければ、裁判で死刑や長期刑が言い渡されるだろう」と、捕虜たちは救助を求めた。

米国は、ベトナム戦争が拡大する状況で朝鮮を攻撃すればソ連の参戦があり得ると判断して軍事攻撃を断念。三〇回近くの米朝交渉の末に、米国は一二月二三日に板門店《パンムンジョム》においてスパイ活動を認めた謝罪文に署名した。

「朝鮮民主主義人民共和国の領海を侵犯し、重大なスパイ行動を犯したことについて、全責任を負って厳粛に謝罪し、今後、米艦艇が領海を侵犯しないと

「プエブロ号」内部の計器類——朝鮮の近海で電波を傍受し偵察活動をしていた

固く保証する」

米国の全面敗北である。朝鮮は、日本海（朝鮮東海）にあった船体を平壌市内の大同江へ運搬し、反米教育の場とした。米国は事件後、何度か船体の返還を要求したものの、朝鮮はこのすばらしい戦利品を手放すはずもなかった。現在は「祖国解放戦争勝利記念館」に隣接する普通江《ポトンガン》で係留されている。軍人だけでなく職場や学校からやって来たたくさんの人たちが、解説を聞いている光景がいつもある。

相次ぐ米軍による攻撃計画

「プエブロ号事件」の翌年にも米軍の偵察活動が、一触即発の危機を招いた。一九六九年四月一五日、厚木基地所属の米海軍ＥＣ－一二一偵察機が、朝鮮人民軍のミグ一七戦闘機によって清津沖で撃墜された。乗員三一人が死亡。

それに対して、佐世保から第七艦隊の原子力空母など二〇数隻が出航した。米国のリチャード・ニク

板門店の人民軍兵士たち

ソン大統領は、一〇〜七〇キロトンの戦術核兵器で朝鮮の基地や空港など四七カ所を攻撃する「フリーダム・ドロップ作戦」を計画。ところが介入していたベトナム戦争が泥沼状態になっていたため、米国はこの時も報復を見送るという決断をした。

そして一九七六年八月一八日には、板門店の共同警備区域で「ポプラ事件」が起きた。区域の西端にある高さ一二メートルのポプラの木を、韓国側が朝鮮側の合意を得ないまま伐採しようとした。その結果、朝鮮側と乱闘になり米兵二人が死亡。米軍と韓国軍は二一日に、B五二爆撃機や空母ミッドウェーなどによる軍事的威嚇の中でポプラの伐採を強行した。この時も大規模な衝突の危険性があった。こうした偶発的な軍事衝突が、核兵器使用や全面戦争に発展する可能性が十分にあるのだ。

一九九三年に朝鮮は「国際原子力機関（IAEA）」による特別査察を拒否。そして「核拡散防止条約（NPT）」と「IAEA」からの脱退を表明した（後述

49頁参照)。これに対して米国のビル・クリントン大統領は、寧辺《ニョンビョン》の核施設へ巡行ミサイルやF－一一七ステルス戦闘機による攻撃を準備。「第一次核危機」と呼ばれるものだ。この時に米国が強硬策に出ようとしたのは、一九九一年一二月のソ連崩壊により朝鮮は経済的打撃を受けていると判断したからだ。

だが韓国駐留米軍の司令官が被害予測をしたところ、朝鮮の反撃によって最初の九〇日間での死傷者は米兵五万二〇〇〇人・韓国兵四九万人に上り、民間人を含めれば一〇〇万人を超え、経済損失は約一兆ドルに上るとの試算が出た。そのため、韓国の金泳三《キムヨンサム》大統領が強く反対したため、クリントン大統領は攻撃を断念した。

米国は朝鮮戦争で、多大な人的被害を出しながらも朝鮮に勝てなかった。そして「プエブロ号事件」では完全敗北を味わった。その後も、軍事攻撃の一歩手前までいきながら断念をしてきた。こうした米国にとっての「屈辱の歴史」が、朝鮮を異常なほど敵視する頑なな朝鮮政策を続け、朝鮮戦争の終結に取り組まなかったことの背景にある。

第3章　核・ミサイル開発の理由と経緯

金日成《キムイルソン》主席の朝鮮半島非核化

朝鮮の核兵器への米国の対応は極めて矛盾している。「核保有国として認めない」としながらも、核放棄を求めて強い圧力をかけ続けてきた。

米国は中国が核開発をしていた時には、核関連施設や首都・北京への攻撃を公言。朝鮮に対したのとまったく同じである。だが一九六四年一〇月に中国が最初の核実験を実施すると、米国は政策を転換して関係改善へ向かう。そして中国の核保有を認めたまま、一九七九年には歴史的な国交正常化をした。中国が核を保有したのは「核拡散防止条約（NPT）」が発効する一九七〇年よりも前ということがあるものの、米国の対応が中国と朝鮮とで異なるのは大きな矛盾だ。

朝鮮は二〇一二年四月一三日の「最高人民会議」で憲法を改訂し、序文に「核保有国」であることを明記。核問題では、一歩も譲歩しないという表明だった。そして二〇一七年七月六日付の『労働新聞』は、金正恩《キムジョンウン》委員長が「米国の朝鮮敵視政策と核の脅しが清算されない限り、いかなる場合も核・ミサイルを交渉のテーブルに載せない」と語ったと報じた。つまり、朝鮮を核保有国として認めた上での「対等な立場」での交渉しか応じないとした。

朝鮮半島の非核化に積極的だった金日成主席の像

朝鮮は核開発を続けてきたが、「建国の父」である金日成主席は「朝鮮半島の非核化」に積極的だった。ソ連を通して米国に、朝鮮半島非核化と南北統一国家についての極めて具体的な提案をしていた。「韓国外交部は三〇日、三〇年以上が経過した外交文書一四二〇冊を国民に公開した。文書によると、（一九）八七年一二月にワシントンのホワイトハウスで開かれた米ソ首脳会談の際、ソ連のゴルバチョフ書記長が北朝鮮の依頼を受けてレーガン米大統領に渡した文書には▼南北それぞれ一〇万人未満の兵力維持および核兵器を含めたあらゆる外国軍隊の撤退▼南北が署名する不可侵宣言▼休戦協定を平和協定で代替▼南北の軍を「民族軍」に統合▼南北が第三国と締結した民族の団結に反するあらゆる協定・条約の破棄▼南北で構成された連邦共和国の創設および共和国が中立国・緩衝地帯であることを宣言する憲法採択▼連邦共和国の単一国号での国連加盟――など、北朝鮮の提案が盛り込まれていた」（韓国・『聯

板門店の概要を説明する朝鮮人民軍将校

合ニュース』二〇一八年三月三〇日)

一九八八年二月、軍人出身の盧泰愚《ノテウ》韓国大統領(任期:一九八八年~一九九三年)が就任。朝鮮との関係改善に乗り出し、一九九〇年九月から南北首相会談を繰り返した。

その結果、一九九一年九月一七日には朝鮮と韓国が「国連」へ同時加盟。これは「二つの朝鮮」の固定化につながるため、朝鮮にとっては苦渋の選択であった。

そして韓国は同年一一月に「韓半島の非核化と平和構築のための宣言」を発表し、一二月には韓国内核不在を宣言した。これを受けて双方は「南北間の和解と不可侵および協力交流に関する合意書(南北基本合意書)」を発表。これと同時に「朝鮮半島の非核化に関する共同宣言」に署名。翌年二月に発効した。

「南と北は朝鮮半島を非核化することで核戦争の危機を除去し、わが国の平和と平和統一に有利な条件と環境をつくり、アジアと世界の平和と安定に貢献する」とし、「核兵器の実験・製造・生産・搬入・保有・貯蔵・配備・使用をしない」ことなどを宣言。韓国は、朝鮮が強く求めていた米韓合同軍事演習の中止を発表した。

この南北の動きは、金大中《キムデジュン》大統領（任期：一九九八年〜二〇〇三年）による二〇〇〇年六月の南北首脳会談での「六・一五共同宣言」の発表、盧武鉉《ノムヒョン》大統領（任期：二〇〇三年〜二〇〇八年）による開城《ケソン》工業団地や金剛山《クムガンサン》観光事業の推進へとつながっていった。

その後、李明博《イミョンバク》と朴槿恵《パククネ》という二代の大統領が南北関係を一〇年間にわたって後退させる。だが二〇一七年六月にスウェーデンの「安全保障開発政策研究所」が開催した会議において朝鮮代表は、核開発は自衛のためであり金日成主席の「遺訓」である朝鮮半島の非核化を目指すことに変わりはないと改めて表明した。これは二〇一八年一月から始まった、朝鮮の核をめぐる激動の伏線だった。

原子力発電をめぐる米朝の攻防

朝鮮はマグネサイト・タングステン・モリブデン・黒鉛・ウランなど多種で豊富な鉱物資源に恵まれているものの、石油は産出できていない。そのためエネルギーを得るために、早くから原子力発電に強い関心を示していた。

朝鮮戦争休戦からすぐの一九五六年に、ソ連と原子力開発に関する基本合意を結び、科学者を留学させて技術を習得。そしてソ連から供与を受けた研究用原子炉「ＩＲＴ二〇〇〇」を平安北道寧辺《ピョンアンブクドニョンビョン》郡に建設。これが平和利用であることを証明するため、一九七四年に「国際原子力機関（ＩＡＥＡ）」

咸鏡北道端川（タンチョン）のマグネサイト工場が遠くに見える

へ加盟した。

そして同年には五〇〇〇キロワットの実験用黒鉛減速炉の建設を自力で開始し、一九八六年に完成させている。この黒鉛減速炉は減速材に黒鉛を用いた原子炉で、天然ウランを濃縮せずに燃料として使うことができる。そして、核兵器に使用できるプルトニウム二三九が製造しやすいという特徴がある。朝鮮は、ウランの埋蔵量が世界の中でトップクラスであり黒鉛も産出する。

この頃の韓国は、ベトナム戦争への参戦（一九六四年九月〜一九七三年三月）によって得た多額の米ドルと、日本からの円借款などによって急速な経済発展を遂げた。そのため、それまで朝鮮が韓国を上回っていた国内総生産は逆転される。そして一九七二年のニクソン大統領訪中での米中関係改善によって、朝鮮と中国との関係が弱まるという状況があった。

一九八〇年代に入ると、朝鮮が新たな原子炉建設をしていることが分かり、朝鮮は米国とソ連の働きかけに応じて一九八五年一二月に「核拡散防止条約（ＮＰＴ）」に加盟。これによって朝鮮の核関連施設は「ＩＡＥＡ」の監視下に置かれることになる。そして同月にソ連は、加盟への見返りとして「朝鮮での原子力発電所建設における経済・技術協力協定」を締結し、軽水炉の供与を約束した。

盧泰愚大統領になってからの南北和解の大きな流れの中で、米国は朝鮮からの要求を受け入れる。米韓合同軍事演習「チームスピリット」を中止し、在韓米軍が保持していた核兵器の撤収を一方的に発表した。このことへの査察が出来なかった朝鮮は不信感を持ったものの、米国から要求されていた「ＩＡＥＡ」による寧辺の核関連施設への査察を受け入れることになった。

ところが一九九二年五月から査察を開始した「ＩＡＥＡ」は、プルトニウムを取り出した痕跡があり一～二個の原爆製造ができる可能性があると発表した。米国は「ＩＡＥＡ」による強制的な「特別査察」の受け入れを要求。だが朝鮮は、査察要求の対象とされているのは軍事施設であるとして拒否し、「ＮＰＴ」と「ＩＡＥＡ」からの脱退を宣言する。一九九三年一月に政権へ就いていた米国のビル・クリントン大統領は、「国連安保理」で制裁決議を採択しようとした。

大国の思惑で動く「国連安保理」

「国連安全保障理事会」による朝鮮への非難決議や制裁決議は、朝鮮が核やミサイルの実験・ロケットによる人工衛星打ち上げを行なうたびに出されてきた。そもそもこの「安保理」とは一体、どういったものなのだろうか。

「国際連合」は、一九四五年六月二六日にサンフランシスコにおいて調印された「国際連合憲章」にもとづき、その年の一〇月二四日に設立された。
「国連憲章のもとに、国際の平和と安全に主要な責任を持つのが安全保障理事会である。（略）国連の他の機関は加盟国に対して勧告を行うのみであるが、国連憲章の下に加盟国がその実施を義務づけられる決定を行う権限を持っているのは、安全保障理事会だけである」（「国際連合広報センター」ウェブサイト）

このように「安保理」は、「国連」の中でもっとも権限を持つ最高意思決定機関であり、その決定は法的拘束力を持っている。国連の「総会決議」というものもあるが、これには法的拘束力がない。

「安保理」は、第二次世界大戦の戦勝国であり「核保有国」である米国・英国・フランス・ロシア・中国による常任理事国と、加盟国の中から選挙で選ばれた非常任理事国一〇カ国とで構成されている。

「安保理設立のリーダーシップを取ったのは、第二次世界大戦の戦勝国首脳である。英国のチャーチルは米国との協調を念頭に、『大国が平和を維持する責任』とそのための『特別の権利』を有するべきだと考えた。米国のルーズベルトも大国が『世界の警察官』の役目を果たすべきだと考え、中国をアジアの有力国として安保理に引き込んだ。ソ連のスターリンも大国間の協調を重視すべきだとし、大国だけに与えられる拒否権の必要性を訴えた」（白川義和『国連安保理と日本』中公新書ラクレ）

このように「安保理」は、戦勝国となった大国が自分たちを中心とした世界秩序を形成するために作り出したものである。「国連」設立時の加盟国は五一カ国だったが、現在は一九三カ国。こうした状況の変化に対し、日本・ドイツ・インド・ブラジルが常任理事国へ入ろうと、「安保理」の改革を求めている。安倍晋三首相が朝鮮への異常な敵視政策を続けてきたのは、常任理事国入りのために日本の存在感を示そうとしているためだろう。

なお「安保理」決議は、理事国一五カ国中の九カ国が賛成し、かつ常任理事国の一カ国でも「拒否権」を行使しなければ承認される。

米国の朝鮮政策は「消極」から「敵対」へ

クリントン政権は、「安保理」での朝鮮への制裁決議が中国とロシアの反対で挫折すると、核関連施設への米国独自での爆撃を検討し始めた。だが、それによる被害の大きさから断念(前述43頁参照)。話し合い路線へ転換した。

一九九四年六月一五日、米国のジミー・カーター元大統領が板門店《パンムンジョム》で軍事境界線を越えて朝鮮を訪問。金日成主席と会談した結果、一〇月には画期的な「米朝枠組み合意」が成立した。朝鮮は黒鉛減速炉の建設を中止する代わりに、一〇〇万キロワットの軽水炉二基を韓国と日本の費用負担で二〇〇三年までに建設。その完成までの代替エネルギーとして、年間五〇万トンの重油を提供するという合意内容である。この事業のために、「朝鮮半島エネルギー開発機構（ＫＥＤＯ）」が設立された。

黒鉛減速炉の代わりに別の原発を提供するのは、軽水炉はプルトニウムの抽出が難しく、当時の朝鮮は燃料の濃縮ウランを輸入する必要があったために監視しやすいという理由だ。また「米朝枠組み合意」では、米朝の関係正常化や米国が朝鮮へ核兵器を使用しないことなどについても合意した。

私は咸鏡南道《ハンギョンナムド》の琴湖《クモ》地区での軽水炉建設現場の横を、鉄道で通過したことがある。二〇〇二年八月一二日、平壌《ピョンヤン》駅から朝鮮の東海岸に沿って走る平羅《ピョンラ》線の寝台車に乗った。その日の夜、乗客たちが通路に出て熱心に外を見ているのに気付いた。何があるのかと窓から外を覗くと、暗闇の中に林立する木々の奥で強烈な照明が輝き、たくさんのクレーンが見えた。実に幻想的で不思議な光景だった。線路から現場へとつながる道路には、数日前に行なわれたというセメント注入式の看板が立てられていた。

米国のサボタージュによる「KEDO」の中止

「米朝枠組み合意」以降、朝鮮は積極的な外交を行ない、イタリア・英国・ドイツなどと国交を結び、悪化していた中国・ロシアとの関係改善を図った。しかしクリントン大統領や米議会は「枠組み合意」実施について次第に消極的になっていった。大統領は議会に、朝鮮は五年で崩壊するとしてこの事業への同意を得ていたからである。

「北朝鮮との和解の可能性を否定する論拠として、よく引き合いに出されるのが、すでにわれわれは一九九〇年代に外交による解決を試みたが、北朝鮮政府は米国側の提案を利用するだけで、その約束を守らなかった、というものだ。だがこれは、一九九四年の米朝枠組み合意についての、ひどく誤解を招く説明だ。(略)米スタンフォード大学のジークフリート・ヘッカー氏によれば、米議会の多くがこの合意に反対したため、『合意の主要規定に必要な予算を認めず、ほぼ発効直後から米国は自らの公約を十分に果たせない結果を招いた』という」(John Glaser『ロイター』二〇一八年一月九日付)

二〇〇二年一月、ジョージ・ブッシュ大統領が政権へ就いた。その月の二九日に行なった「一般教書演説」で、朝鮮をイランやイラクとともに「悪の枢軸」に指定。米国の対朝鮮政策はクリントンの

「消極」からブッシュの「敵視」へと転換した。

その年の一〇月三日、ジェームズ・ケリー国務次官補が大統領特使として訪朝。「ウラン濃縮疑惑」を指摘すると、朝鮮はそれをあっさりと認めた。「枠組み合意」はプルトニウムの抽出についてのものであり、ウラン濃縮を禁止していなかったからだ。

一〇月二五日の朝鮮外務省スポークスマン談話で「われわれは自主権と生存権を守るため、核兵器はもちろんそれ以上のものも持つことになる」とし、核開発計画があることを公式に表明した。核兵器は圧倒的な破壊力を持っているため、国力や通常兵力の規模に大きな差があっても対等な交渉ができるという考えにもとづくものだ。

そして二〇〇二年一一月一四日の「ＫＥＤＯ」理事会が重油の供給停止を決めたため、朝鮮は一二月に核施設の再稼働を宣言し「ＩＡＥＡ」の査察官を追放。さらに朝鮮は、翌年一月一〇日に「米国からの軍事的脅威」を理由に「ＮＰＴ」からの脱退を通告し、七月には使用済み核燃料の再処理完了を米国へ通告した。こうしたことで、「ＫＥＤＯ」の事業は完全に中止された。

これが「第二次核危機」の始まりである。「米朝枠組み合意」を遵守しなかったのは朝鮮ではなく米国の方だった。「米朝枠組み合意」に反するブッシュ政権の朝鮮敵視政策によって、朝鮮の核開発をめぐる状況は最悪になる。

「六カ国協議」の破たんと核実験

負のスパイラルに陥ったこの危機的状況を打開するため、二〇〇三年八月から朝鮮の核開発計画に関する「六カ国協議」が始まった。米国のブッシュ大統領は朝鮮との二国間協議を避けるため、韓国・中国・ロシア・日本という周辺関係国を引き入れたのである。あくまでも米国との直接対話を求める朝鮮は参加を拒否したものの、六カ国の枠組みの中で米朝対話をすれば良いと説得されてそれを受け入れた。

米国は朝鮮に「核兵器開発の完全で検証可能な形で不可逆的な放棄」を強く求めた。それに対して朝鮮は、米国が先に見返りを出すべきとして強く反発し、使用済み核燃料の再処理によってプルトニウムを抽出したことを表明。そして二〇〇五年二月には「核兵器保有宣言」を行なうに至った。「六カ国協議」は、米朝の水面下での交渉結果を追認する場となっていた。この新たな事態に対して米朝が二回の二国間協議を行なった結果、合意に達した。そのため、この年九月の「六カ国協議第四回協議」において「九・一九共同声明」が出された。

「朝鮮民主主義人民共和国は、すべての核兵器及び既存の核計画を放棄すること、並びに、核兵器不拡散条約及びIAEA保障措置に早期に復帰することを約束した。アメリカ合衆国は、朝鮮半島において核兵器を有しないこと、及び、朝鮮民主主義人民共和国に対して核兵器又は通常兵器による攻撃又は侵略を行う意図を有しないことを確認した」

これは、極限状況の中で着地点をみつけた画期的なものだった。ところがそれと同じ時に米国財務省は、マカオの銀行「バンコ・デルタ・アジア」を「マネー・ロンダリング関与の疑いが強い金融機関」に指定。この銀行をマカオ政府が管理下に置いたため、朝鮮関連の五二口座・二五〇〇万ドルが凍結された。握手した手で、いきなり殴られたようなものである。

当然ながら、朝鮮はこれに強く反発。二〇〇六年七月にミサイル発射実験を行なう。それに対して「国連安保理」は「非難決議一六九五号」を採択。そして朝鮮は一〇月九日に、最初の核実験を咸鏡北道《ハムギョンプクド》吉州郡《キルジュ》豊渓里《プンゲリ》の地下で実施した。これに対して「国連安保理」は、「制裁決議一七一八号」を全会一致で採択。日本政府は、朝鮮船籍の船舶の日本入港や朝鮮からの輸入を禁止するなどの独自制裁を開始した。

朝鮮が核開発へ踏み出した背景としては、一九九一年一二月のソ連崩壊がある。朝鮮はソ連と一九六一年七月に「朝ソ友好協力相互条約」を調印。第一条には次のようにある。

「いずれか一方の締約国がいずれかの一国または同盟国家群から武力攻撃を受け戦争状態に入った時は、他の締約国は直ちにその有するすべての手段をもって軍事的および他の援助を供与するものとする」

ソ連崩壊によって朝鮮は、米国と韓国からの核を含む軍事攻撃から自らの力で国を守らなくてはならなくなったのだ。

朝鮮人被爆者にとっての核実験

私は一九九八年から、朝鮮で暮らす広島・長崎での被爆者たちとたびたび会ってきた。誰もが一九五九年から始まった帰国事業で、日本から朝鮮へ渡った朝鮮人たちである。一九九五年二月に朝鮮において「反核平和のための朝鮮被爆者協会」が結成された。

その副会長の朴文淑《パクムンスク》さんは、「わが国は核兵器を造る意思も能力もない」と政府と同じ主張をしてい

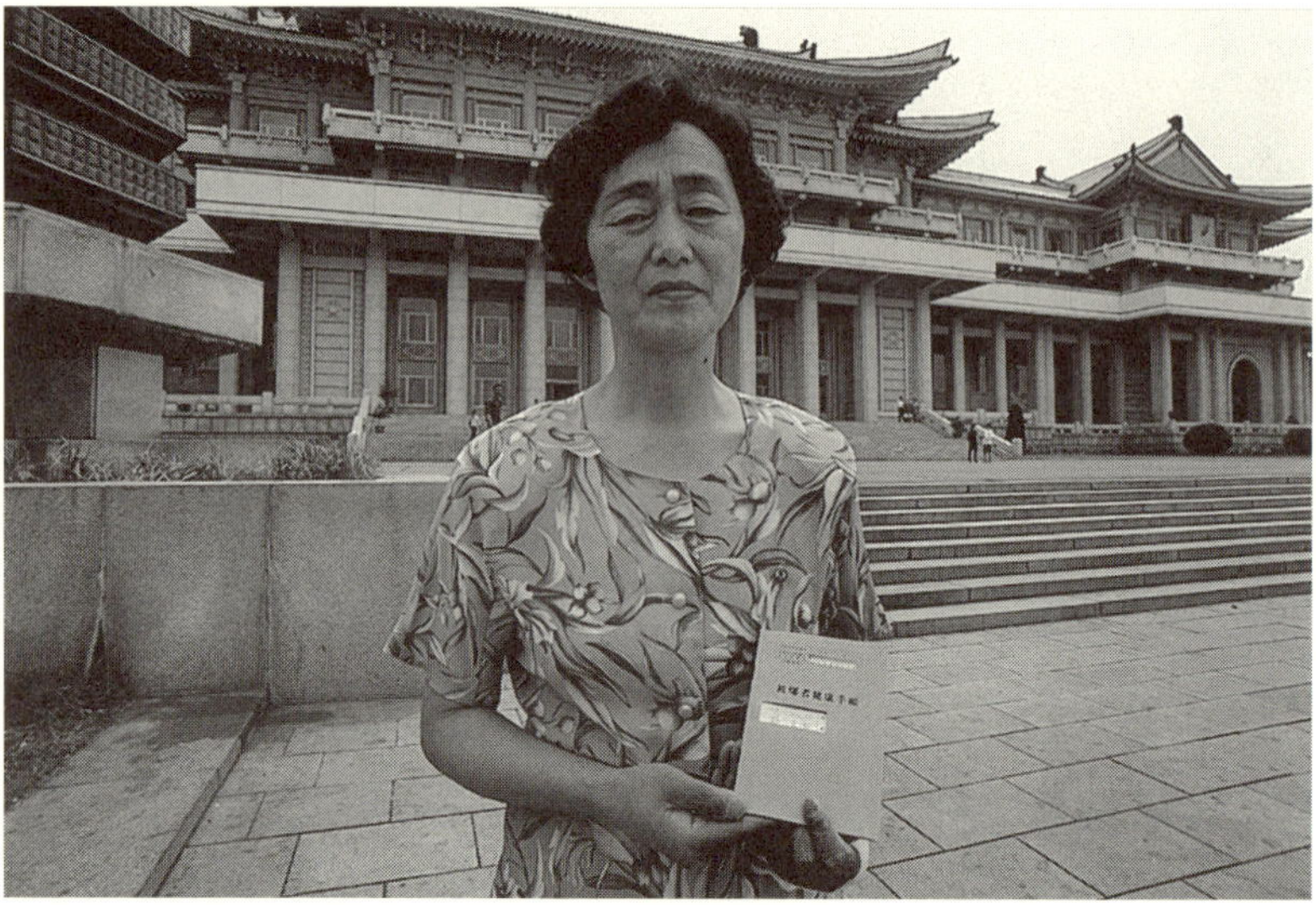

長崎で被爆した朴文淑さんは「被爆者健康手帳」を取得している

た。ところが朝鮮が二〇〇六年一〇月に初の核実験を実施すると「米国の脅威があるために仕方がないこと」としてそれを認めた。朝鮮の他の被爆者たちも同じ考えだという。被爆者であっても、朝鮮が置かれている状況からすれば核武装は必要ということなのだ。そして協会名から「反核平和のための」が消えた。

私は朝鮮においても、一九九二年から日本の植民地支配によるさまざまな被害者約八〇人をインタビューした。だがそうした人たちは次々と亡くなり、会って何とか話を聞くことができるのは被爆者だけになってしまった。それは他の被害者と異なり、被害を受けた一九四五年八月にはまだ子どもだった人がいるからだ。「被爆者協会」などが、二〇〇七年に被爆者調査を実施。一九一一人の被爆者を確認したものの、その時点で一五二九人が死亡していた。それから一〇年以上が経った今、健在な人は極めて少なくなっているだろう。

原爆投下から12日目に母親と広島へ入って被爆した李桂先（リ・ゲソン）さん

繰り返される核実験と「安保理」決議

二〇〇七年三月、朝鮮は米国と「バンコ・デルタ・アジア」で凍結されている朝鮮関連口座の資金返還について合意した。そのため朝鮮は二〇〇八年五月に、「六カ国協議」での合意に基づいて核開発計画についての約一万八〇〇〇頁もの申告書を提出。そして二〇〇八年六月、招き入れた海外メディアの前で黒鉛減速炉の冷却塔を爆破。そのことで一〇月に米国は、朝鮮を「テロ支援国家」指定から除外した。

二〇〇九年一月にバラク・オバマが米大統領に就任。その年の一〇月には、「核なき世界」に向けた国際社会への働きかけを評価するとして「ノーベル平和賞」を受賞した。また民族の多様性を尊重する姿勢から、朝鮮への柔軟な姿勢が大いに期待された。

朝鮮は二〇〇九年四月に、人工衛星打上げロケット「銀河《ウンハ》二号」を発射。オバマ大統領の米国と日本・韓国は、それを「事実上の弾道ミサイル」と決めつけ

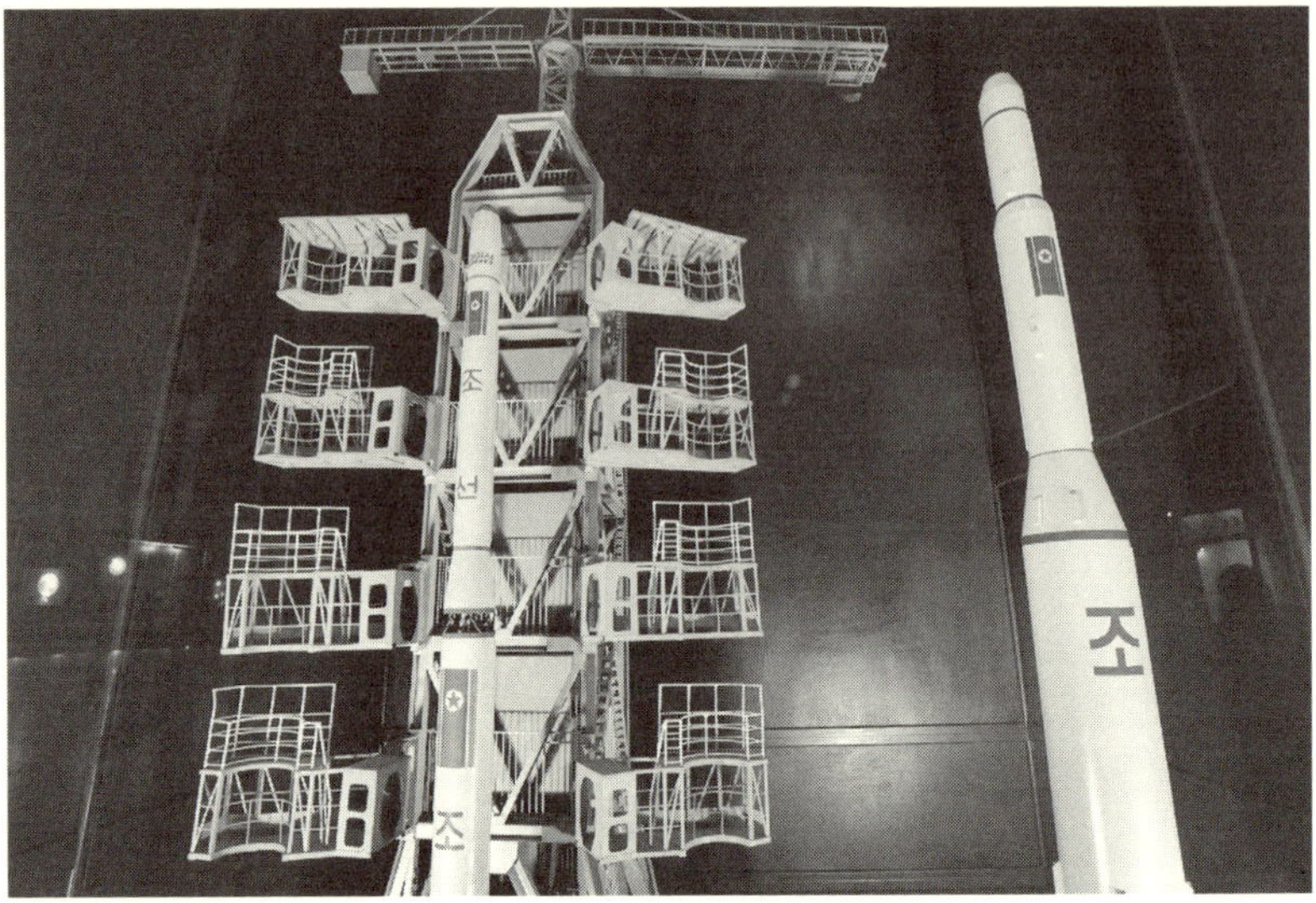

「３大革命展示館」に展示されている人工衛星打上げロケット「銀河」の模型

た。そして弾道ミサイル計画に関するすべての活動停止を求めた「安保理決議一六九五号」と「同一七一八号」に違反するとして、これを非難する「国連安保理」議長声明を出させた。オバマ政権が、保守のブッシュ政権と変わらないことが明らかになった。

そのため朝鮮は五月二五日に、第二回目の核実験を実施した。一〇月に「安保理」の「制裁決議一八七四号」が全会一致で採択されるというように、またしても事態は悪循環を続けていく。

その後の朝鮮は、二〇一七年九月三日までに六回の地下核実験を実施。それらに対する「国連安保理」決議は、二〇一七年九月一一日までに九回も採択されている。

何もしなかったオバマからトランプへ

オバマ大統領は米国の核兵器を、削減するのではなく近代化を進めた。そして朝鮮に対し、核を完全かつ検証可能な方法で除去しない限り関係正常化は不可能との姿勢を打ち出した。これでは朝鮮は交渉することができない。オバマ大統領は朝鮮へ経済・軍事で圧力をかけ、「戦略的忍耐」という名の下に米国からは積極的な働きかけをしないという政策を執った。要は、米国にとって最大級の厄介な外交課題の解決を先送りしようとしたのだ。

これに対して朝鮮は、米国政府に近い民間人たちに核関連施設を公開。そして、二〇一〇年一一月に訪朝したニューメキシコ州のリチャードソン知事の提案に同意するという大きな譲歩をした。二〇一二年二月二九日の「米朝合意」は次のようだ。

「㈠朝鮮は長距離弾道ミサイルと核兵器の実験を凍結し、寧辺の核施設におけるウラン濃縮を一時停止する。㈡朝鮮は寧辺の核施設に対するＩＡＥＡの査察を受け入れる。㈢米国は二四万トンの栄養補助食品および追加の食糧支援に努力する」

このことで事態が大きく改善するかにみえたが、「長距離ミサイル」に「人工衛星打上げロケット」が含まれるかどうかで対立。そうした中で朝鮮は二〇一二年四月一三日に、人工衛星打上げロケット「銀河三号」を発射したものの失敗。私はこの時、平壌に滞在していた。朝鮮はすぐに失敗したことを公表したため、そのことについて案内人に聞くと「すぐに次を打ち上げるので何とも思っていない」と語った。

しかし「国連安保理」はこの発射を強く非難し、新たな核実験を実施すれば制裁を強化すると警告。それに対して朝鮮は一七日に、「米朝合意」の破棄を表明した。

同年一二月一二日に打ち上げられた「銀河三号二号機」は、人工衛星「光明星《クァンミョンソン》三号二号機」を衛星軌道へ投入することに成功。軌道上の人工物体をレーダーで監視している「米戦略軍統合宇宙運用センター」はこの人工衛星を確認し、国際識別番号を与えた。

　日本の政府とマスメディアは、朝鮮の人工衛星打上げロケットを「事実上の弾道ミサイル」と決めつけている。人工衛星打上げロケットの技術は弾道ミサイル打ち上げに転用できるというのが理由で、「国連安保理決議」でも同じ理由で朝鮮によるロケット発射も禁止している。日本政府はこのロケット発射に「破壊措置命令」を出し、地対空ミサイルを各地に配備したり、イージス艦を日本周辺海域に配置したりしてきた。

「科学技術殿堂」の建物中央に置かれている
「銀河３型」の実物大模型

　だが、ミサイルの打ち上げ技術に転用できるとしてもロケット打ち上げは認めるべきだ。そうでなければ、日本を含むあらゆる国のロケット打ち上げを禁止しなければならない。現在、朝鮮だけを禁止しているのは完全な二重基準である。

　また朝鮮では、ロケットとミサイルは明確に分けて開発が行なわれているようだ。二〇一二月四月のロケット発射の際、平壌にいた私は打ち上げ直前の一一日にロケット打ち上げのための「衛星管制

「衛星管制総合指揮所」の取材で集まった外国メディア（2012年４月11日）

記者たちに説明をする「衛星管制総合指揮所」の責任者（2012年４月11日）

「国家宇宙開発局」の研究者たちとロケット開発の説明を受けた外国人たち

総合指揮所」を取材。この時、海外からの約一二〇人のメディアに指揮所内が長時間にわたって公開されたのである。軍事施設なら不可能なことだ。

また二〇一七年八月には「科学技術殿堂」において、「国家宇宙開発局」の人工衛星打上げロケットの技術者たちから三時間もかけて詳細な技術的な説明を受けた。

二〇一五年一月一〇日に朝鮮は、米韓合同軍事演習を中止するならば核開発を一時停止する、との提案を行なったもののオバマ政権は拒否。大きな譲歩をしても交渉に応じようとしない米国に対し、朝鮮はここで核・ミサイルに関する外交方針を大きく転換。目標達成まで、一切の働きかけをすることをやめた。

朝鮮の核開発をめぐる朝鮮と米国を中心とした交渉が、すぐに行き詰まってきたことには理由がある。それは朝鮮の米国への強い不信と警戒心、米国による朝鮮への一貫した敵視にある。米国がそうした政策を続けてきた最大の理由は、朝鮮戦争で激しく戦ったことである。また社会主義国が次々と崩壊や開放政策へ転換していく中で、「反米」を掲げてひたすら独自路線を守り続ける朝鮮を必然的に敵とみたのだ。

弾みをつけた核・ミサイル実験

オバマ政権との交渉を断念した朝鮮は、核実験と弾道ミサイル開発に専念し実験を繰り返した。もはやこれらの開発は、交渉のためのカードではなくなった。ワシントンなどの米国本土まで届く大陸間弾道ミサイル（ＩＣＢＭ）とそれに載せることのできる小型核兵器の完成が目標となった。結局、オバマ政権の任期が終わる二〇一七年までの八年間は、米朝交渉はまったく進展せず、朝鮮の核・ミサイル開発は着実に進んだ。

最初の核実験を二〇〇六年一〇月に行なった朝鮮は、二回目を二〇〇九年五月、三回目を二〇一三年二月、四回目を二〇一六年一月、五回目を二〇一六年九月、そして六回目を二〇一七年九月と次第に間隔を短くした。

弾道ミサイルについては、二〇一七年は二月に「北極星二号」を発射。この年の四月には軍事パレードの閲兵式があり、私は次々と登場するまだ打ち上げられていない最新ミサイルをすぐそばで撮影。五月以降、「火星《ファソン》一二号」、「火星一四号」、そして米国の東海岸まで到達する「火星一五号」と立て続けに打ち上げが続いた。

米国などとの軍事的緊張が極限まで高まり、「国連安保理」と日米韓による独自の厳しい制裁を覚悟

軍事パレードに登場した「火星 12」(2017年4月15日)

しての実験である。こうした朝鮮の決断には、米国と安易な妥協をしたことで滅亡につながった事例を目にしたからだ。

サダム・フセイン大統領のイラクは、核兵器開発を見据えた原子力発電所建設を進めていた。「核兵器開発の緊急計画を秘密裏に推進。湾岸戦争後にＩＡＥＡは、イラクが複数のウラン濃縮技術の実験を行っていたと結論づけた」(日本外務省ウェブサイト)。

そしてイラクは「大量破壊兵器を保持している」との理由で米国・英国などによって侵攻された。「イラク戦争」である。米軍などが捜索したものの大量破壊兵器は発見されなかったが、サダム・フセインはシーア派住民への大量虐殺を理由として二〇〇六年一二月に処刑された。

またリビアのムアンマル・カダフィー大佐は、米国・英国などによる軍事攻撃の脅しに屈して核開発計画と大量破壊兵器の放棄を実施し、米国と国交正常化をした。だが結果として起きた大規模な反政府

軍事パレードで一糸乱れぬ行進をする兵士たち（2017年4月15日）

デモへ欧米が軍事介入して内戦となり、二〇一一年一〇月に殺害された。米国などとの妥協が、政権の弱体化を招いて崩壊へとつながったのである。

そして、米国は「国連安保理」決議で法的根拠が得られなくても軍事行動を実施する、ということもはっきりとした。二〇一八年四月にはシリアに対し、化学兵器使用の証拠を示すこともなく米国単独と英国・フランスとともに二度の軍事攻撃を行なった。つまり米国は、敵視する政権や指導者を圧倒的な軍事力で抹殺しようとしてきたのだ。こうした米国のやり方を目にした朝鮮は、最強の兵器である核兵器を持たなければ滅亡させられるとして、その完成に固執することになった。

「われわれの核武力は、頼もしい戦争抑止力、民族の自主権を守る保障になります。核兵器が世界に出現して以降およそ七〇年間、世界的規模の冷戦が長期間つづき多くの地域で大小の戦争もたびたびありましたが、核兵器保有国だけは軍事的侵略をうけませんでした」（金正恩「朝鮮労働党中央委員会二〇一三年三月総会における報告」）

朝鮮の核兵器も他の核保有国と同じように、実際に敵への攻撃に使用するためのものではない。米国によって軍事攻撃された場合は、核兵器を使った反撃で甚大な被害を与えることができるという国を防衛するための「抑止力」なのである。

朝鮮は「朝鮮半島の核問題は、米国による朝鮮への敵視政策の産物で、完全に米国に責任がある」と非難してきた。米国は、朝鮮がずっと望んできたにもかかわらず休戦協定を平和条約に変えることなく、長年にわたって核兵器を含めた軍事的威嚇を続けてきたのだ。それが解決されていれば、朝鮮が国民生活の向上を犠牲にしてまで核兵器と弾道ミサイル開発に踏み出す必要はなかったのである。

二〇一八年三月一日に私が会った宋日昊《ソンイルホ》・朝日国交正常化交渉担当大使は「朝鮮半島の非核化は金日成主席の遺訓。それを守ろうとしたが、やむを得ず核開発をした。核は欲しくて持ったのではない。わが国がそうせざるを得なかった前提をなくして欲しい」と語った。

また核開発をするのは、経済的理由もある。金正恩委員長は、二〇一三年二月の実験後に開催された「朝鮮労働党中央委員会全員委員会」において、「経済建設と核武力建設の併進」という路線を打ち出した。核兵器を完成させることで通常兵力を削減し、それによって経済を発展させようというものだ。

この点について、「社会科学院経済研究所」の朴成哲《パクソンチョル》室長へ二〇一八年三月一日にインタビューした。「米国は我が国に、核脅威を絶え間なく続けてきました。そのため、米国とその追随勢力から我が国を守るため、核保有するしかない道へと追い込まれたのです。核保有は、経済建設のために必需のものです。国家予算における国防費は一六パーセントだったのを一五・八パーセントへ下げることが出来ました」

核開発によって通常兵器を減らし、その分を経済へ回すというのだ。私がその数字ではあまり下がっていないのではないかと指摘すると、「通常兵器をすべてなくすことはできません。また人民軍による建設・農業作業やそのために必要な機材も国防費に入っているためです」と答えた。

米国からの軍事的脅威がなくなれば、「併進」ではなく全面的な経済建設が一気に進むだろう。経済制裁で苦しむ朝鮮の姿は、数年後にはまったく異なっているのではないか。

第4章　朝鮮が米国に求めているもの

危険な米韓合同軍事演習

米国は、朝鮮戦争が休戦になった直後の一九五三年一〇月に「米韓相互防衛条約」を締結し、現在に至るまで米軍を韓国に駐留させている。しかも、韓国軍の戦時作戦統制権を、在韓米軍司令官が兼務する米韓連合軍司令官がいまだに持っている。米国が朝鮮との戦争に踏み出せば、韓国軍も自動的に参戦することになるのだ。

そして、朝鮮を敵とした大規模で挑発的な米韓合同軍事演習を実施してきた。朝鮮はこの合同軍事演習を朝鮮戦争「休戦協定」の、敵対行為の完全停止の規定（第二条第一二項）と朝鮮境外からの軍事人員と作戦武器の増援禁止の規定（同第一三項）の違反としている。

一九七六年から始まった米韓合同軍事演習には、いくつかの目的がある。軍事的緊張状態をつくり出すことで、朝鮮にスクランブル発進などによって燃料などの物資を消耗させる。そして大規模演習を実施することで、世界最強の軍事力を誇示するためである。

毎年実施されてきたこの軍事演習は、南北の軍事的緊張を異常なほど高め、偶発戦争の危機をもたらしてきた。二月～三月には指揮系統を確認するための「キー・リゾルブ」、三月～四月の野外戦術機

朝鮮戦争の展示が中心になっている韓国・ソウル市の「戦争記念館」

動演習「フォールイーグル」、八月には指揮所演習「乙支《ウルチ》フリーダム・ガーディアン」といった大規模演習の他に、年間数十回の小規模演習を実施。原子力空母や戦略爆撃機などの最新兵器を動員した「演習」は、そのまま大規模な先制攻撃という「実戦」に移すことができてしまう。こうしたことが、四〇年以上も続いてきたのだ。しかもその演習内容は、すぐにでも起こり得る戦闘・戦争を想定したものに変わっていた。

この演習について、日本のマスメディアはこぞって「北朝鮮の挑発を防ぐため」と報じてきた。しかしどう見ても、小さな軍事衝突から全面戦争へとつながりかねない「米韓による危険な挑発」でしかない。

米国のドナルド・トランプ大統領は、二〇一八年六月一二日の米朝首脳会談後の記者会見で「米韓合同軍事演習は挑発的」として中止する意向を表明。この演習の危険性を自らが認めたのだ。

米軍が広島へ原爆を投下した8時15分で止まった懐中時計

「休戦協定」を「平和条約」へ

朝鮮にすれば、少しでも油断したら圧倒的な軍事力を持つ米韓によって核兵器を含む攻撃を受け占領されるという状況が長期にわたって続いてきた。そのためそれを防ぎ自国を守る「最強の抑止力」として、核兵器とその運搬手段である弾道ミサイルの開発を進めてきたとする。

朝鮮が米国に一貫して求め続けてきたのは、朝鮮戦争の「休戦協定」を「平和条約」にすること。米朝関係改善のためにはそれよりも「効果的で建設的な代案はない」(『民主朝鮮』二〇一〇年一月一六日付)としている。これは朝鮮だけの主張ではなく、一九七五年の「国連総会」では「休戦協定を平和条約に置き換えることと、国連軍を解散することが望ましく支持する」との決議案を採択している。

このことによって朝鮮は、朝鮮戦争休戦から続いてきた準戦時体制を終わらせ、米国からの日常的な軍事的脅威を完全になくしたいのだ。朝鮮は一九七

板門店の「軍事停戦委員会」本会議場内の朝鮮人民軍将校。窓の外は韓国軍兵士

四年からこのごく当然な要求を繰り返しているが、米国は頑なに拒み続けてきた。そればかりか、朝鮮が核・ミサイル開発をする理由を意図的に隠し、それによる「脅威」だけを喧伝。まるで朝鮮が、戦争好きの国で理由もなく核・ミサイル開発をしているかのように描いてきたのだ。それを米国に追随する日本などの国のマスメディアが、疑問を抱くこともなく垂れ流してきた。

米国のこうした硬直化した朝鮮への対応は、極東の国々にほとんど関心がなかったこともあるが、何よりも朝鮮戦争に勝利することができず、「プエブロ号事件」で完敗したこともあり、「厄介な朝鮮問題」の解決を先送りにしてきたのである。また米国には、米朝の軍事的緊張状態の継続を必要とする軍需産業とそれにつながる政治家がいることも大きい。

核兵器の先制不使用を宣言

二〇一六年五月、「朝鮮労働党第七回大会」が三六

年ぶりに開催された。金正恩委員長は事業総括報告を行ない、核兵器使用についての基本的立場を明確にした。

「わが共和国は、責任ある核保有国として侵略的な敵対勢力が核でわれわれの自主権を侵害しないかぎり、すでに明らかにしたように先に核兵器を使用しないであろうし、国際社会にたいして担っている核拡散防止の義務を忠実に履行し、世界の非核化を実現するために努力するでしょう」

つまり米国からの攻撃がない限り核兵器は使用せず、自らの核兵器放棄を含めた「核なき世界」を目指すということだ。これは今までにも言われてきたことだが、三六年ぶりの党大会で最高指導者が表明したことに重要な意味があった。「朝鮮半島の非核化」は、金日成《キムイルソン》主席と金正日《キムジョンイル》総書記の遺訓となっている。党大会での「非核化」表明は、この国の基本路線を改めて指し示したものだ。

そしてこの報告で明言された「核先制不使用」は、今までにもたびたび表明されている。朝鮮が開発した米国東海岸まで届く核ミサイルは、米国から攻撃を受けた時にしか使わないし、米国と野合して朝鮮への侵略や攻撃に加担しない限り、非核保有国に対して核兵器を使用したり脅したりすることはないというのだ。

東北アジアの軍事的緊張を高めて危機的状況をつくり出してきたのは、紛れもなく米国なのである。米国は朝鮮からの「脅威」を口実に、中国やロシアの目前にある韓国と日本を重要な軍事拠点にしようとしてきた。

朝鮮は、「米国の対朝鮮敵視政策と核威嚇が根源的に清算されない限り、どのような場合も核と弾道ロケットを交渉のテーブルに載せない」(『朝鮮新報』二〇一七年一〇月一九日付)としてきた。日米など

軍服姿の「祖国解放戦争勝利記念館」の案内人

米国との緊張が高まり「人民軍へ行こう」と歌いながら行進する高級中学校の生徒

がどれほど軍事的に威嚇しても、朝鮮が社会主義体制の命綱として開発して完成させた核・ミサイルを保持し続けるのは確かだ。それは、たとえ食糧やエネルギーがなくなり、大きな犠牲を払うことになっても貫くだろう。その方針の変更には、米国の大幅な譲歩か、世界の核兵器をめぐる状況が変わる必要があるだろう。

世界の深刻な核兵器の状況

米国とソ連は激しく敵対しながらも「核保有国」としての立場を安定させるため、「核抑止論」に基づいて核の独占を計ってきた。一九七〇年にこの二カ国が主導して「核拡散防止条約（ＮＰＴ）」が発効。これによって、第二次世界大戦の戦勝国である米国・ロシア・中国・フランス・英国は「核保有国」として国際的に認められた。そして「核保有国」ではないこの条約の加盟国は「核保有国」から核攻撃を受けることはない代わりに、核開発と保有を禁じられ「ＩＡＥＡ」による極めて厳しい査察が義務づけられた。

世界にある核兵器の数は、一九八六年のピークには米国とソ連を合わせて約七万六〇〇〇にも達した。現在それは削減されたものの、ロシア約一万一〇〇〇、米国約一万一〇〇〇、フランス約五九〇、中国約五一一、英国約四三〇といった、まだまだとんでもない数である。

これらの国は「ＮＰＴ」によって、将来の核廃絶を目指して速やかに削減する義務があるにもかかわらず、一向に進めていない。そればかりか米国とロシアは、老朽化した核兵器を巨額な費用をかけて性能向上や近代化という形で増強している。このように「核保有国」が削減義務を順守しないため、

「火星14」の発射命令書に署名する金正恩委員長の切手

核の開発・保有を禁じられた非保有国とでとんでもない不平等が生じているのだ。

そして「ＮＰＴ」は核保有を認めた国以外による核兵器の開発・保持禁止しているが、インド・パキスタン・イスラエルは朝鮮よりも先に核兵器を保有。これらの国の核については、国際社会は事実上容認している。

それどころか、二〇一七年七月に安倍政権が「日印原子力協定」を発効させ、核保有国のインドへの原発輸出を承認するといったことが横行している。

日米などがインド・パキスタン・イスラエルの核保有は容認しても朝鮮だけを認めてこなかった理由は、自国と敵対関係にあるからだ。こうした完全な二重基準が、まかり通っているのである。

なお韓国も、一九七〇年代に朴正熙《パクチョンヒ》大統領の指示で核兵器のためのウラン濃縮の研究をしていたが、それを知った米国に中止させられている。その後も、一九八〇年代にプルトニウム抽出とウラン転換、二

軍事パレードの金日成主席と金正日総書記の像（2017年4月15日）

〇〇〇年にウラン濃縮を政府機関が行なっている。

私は多くの被爆者を取材したことで、「核兵器は人類と共存できない」と強く思っている。しかしこうした核兵器をめぐる国際的な歴史と現状からすれば、朝鮮の核保有だけを認めないというのは論理的に破たんしていて間違いである。

朝鮮は「非核化を実現しようとするのは、われわれの一貫した立場」としている。そして「地球上から帝国主義の核の威嚇と専横が完全に清算された場合に、われわれの核問題はおのずと解決していく」という。朝鮮戦争の休戦協定が米朝の平和条約になり、朝鮮が米国からの核を含む軍事攻撃を受けることが絶対にないと確信が持てるようになれば、朝鮮は金日成主席と金正日総書記の「朝鮮半島の非核化」という遺訓を守るために、核兵器の放棄をするだろう。ただそれには、長い時が必要かも知れない。

第5章　米朝対立と日本

朝鮮支配の何度もの目論み

一四世紀～一六世紀にかけて、倭寇《わこう》と呼ばれた日本人を含む海賊が朝鮮半島や中国沿岸で掠奪行為などを行なった。それは金品を奪うのが目的だったが、朝鮮半島を支配しようとした最初の日本人は豊臣秀吉だった。一五九二年と一五九七年にそれぞれ約一五万人の軍隊を送り、殺人・放火・略奪を行なう。日本では「文禄《ぶんろく》・慶長《けいちょう》の役」、朝鮮半島では「壬辰《イムジン》・丁酉倭乱《チョンユウェラン》」などと呼んでいる。京都市東山区にある「耳塚」には、殺害した朝鮮・明国の兵士約二万人の耳と鼻が埋葬されている。

そして日本は明治になってからは、朝鮮半島を支配するために積極的に動き出した。

「一八七一年一〇月、アメリカ政府はスミスを日本政府の外交顧問に派遣し、日本軍国主義の朝鮮侵略をあとおしした。アメリカは、日本帝国主義に莫大な財政的および軍事的援助をあたえたが、一八七三年には日本政府に直接軍艦二隻と新式兵器を提供して、日本の武力侵略を急がせた」（『朝鮮史』朝鮮青年社）

一八七五年九月、日本は軍艦「雲揚号」を江華島《カンファド》へ送り、ボートを上陸させようとして戦闘になった。一八六六年の米国の武装商船「シャーマン号」による手口とまったく同じである。

大阪市の豊国神社にある豊臣秀吉の像

秀吉軍が朝鮮侵略で殺した朝鮮人の耳と鼻が葬られている京都市の耳塚

靖国神社から韓国・ソウルへ移された「北関大捷碑」。景福宮で歓迎式典が行なわれた

次に日本は七隻の軍艦を送り、一八七六年二月に武力を背景にして「日朝修好条規（江華島条約）」という不平等条約を結ばせた。これは一八五三年に、米国海軍のマシュー・ペリーが艦船四隻を率いて日本へやって来て「日米和親条約」を締結させたやり方を完全に踏襲したものだ。

そして日本は清国、次にロシアと、朝鮮半島での利権と覇権をめぐって戦った。一八九四年の「日清戦争」と一九〇四年の「日露戦争」はともに、朝鮮半島が主戦場となった。

この「日露戦争」の際に、日本軍が掠奪した文化財がある。それは「北関大捷碑《ほっかんたいしょうひ》」という石碑で、豊臣秀吉の朝鮮侵略の際に加藤清正軍を朝鮮北部で義兵が撃退したことを記念して咸鏡北道吉州《ハムギョンプクドキルジュ》に建立された。日本へ運ばれたこの石碑は、靖国神社が隠すように境内で保管していたのを韓国の研究者が発見。日本・韓国・朝鮮の仏教者の協力と努力により、韓国を経由して朝鮮へ返還された。私は二〇〇五年以降、靖国神社・ソウル・開城《ケソン》・吉州と石碑を追いかけて取材した。

「日露戦争」に勝利した日本は、朝鮮の植民地支配に向けて動き出した。一九〇五年一一月一七日、日本軍が包囲する朝鮮王宮で伊藤博文が閣議を開かせ、「乙巳《ウルサ》保護条約」を五人の閣僚に認めさせた。日本はこれで、大韓帝国から外交権を奪った。

一九一〇年八月二九日には「韓国併合条約」が締結され、日本は植民地支配を開始。それは一九四五年八月一五日の朝鮮解放・日本敗戦まで続いた。この植民地支配において日本は多大な人命や財産や言葉・氏名・文化財などを奪っただけでなく、日本人の心の中に朝鮮民族に対する差別や敵愾心を植え付けた。

日本敗戦と米国支配

日本は、アジア太平洋戦争で「連合国」に破れた。朝鮮半島と同じように米国とソ連による分割統治の案もあったが、結局は米国だけによって占領・支配された。米国の日本での占領政策は、東アジアでソ連と対峙するための強大な基地にするという戦略に基づいて行なわれた。これは、朝鮮半島南側で実施したものと基本的に同じだ。

そのため日本へダメージを与えないため、天皇をはじめとする戦争遂行者の戦争犯罪を問わず、戦前からの支配体制を温存。米国による占領政策は見事に成功し、政治・経済だけでなく食を含む文化まで社会に深く浸透し、日本はすっかり「親米国家」となった。そして日本は、広島・長崎への米国による原爆投下や都市への無差別爆撃の責任を問わず、沖縄を中心とするたくさんの米軍基地を支え

1995年8月15日に撤去された植民地支配の象徴である「朝鮮総督府」庁舎

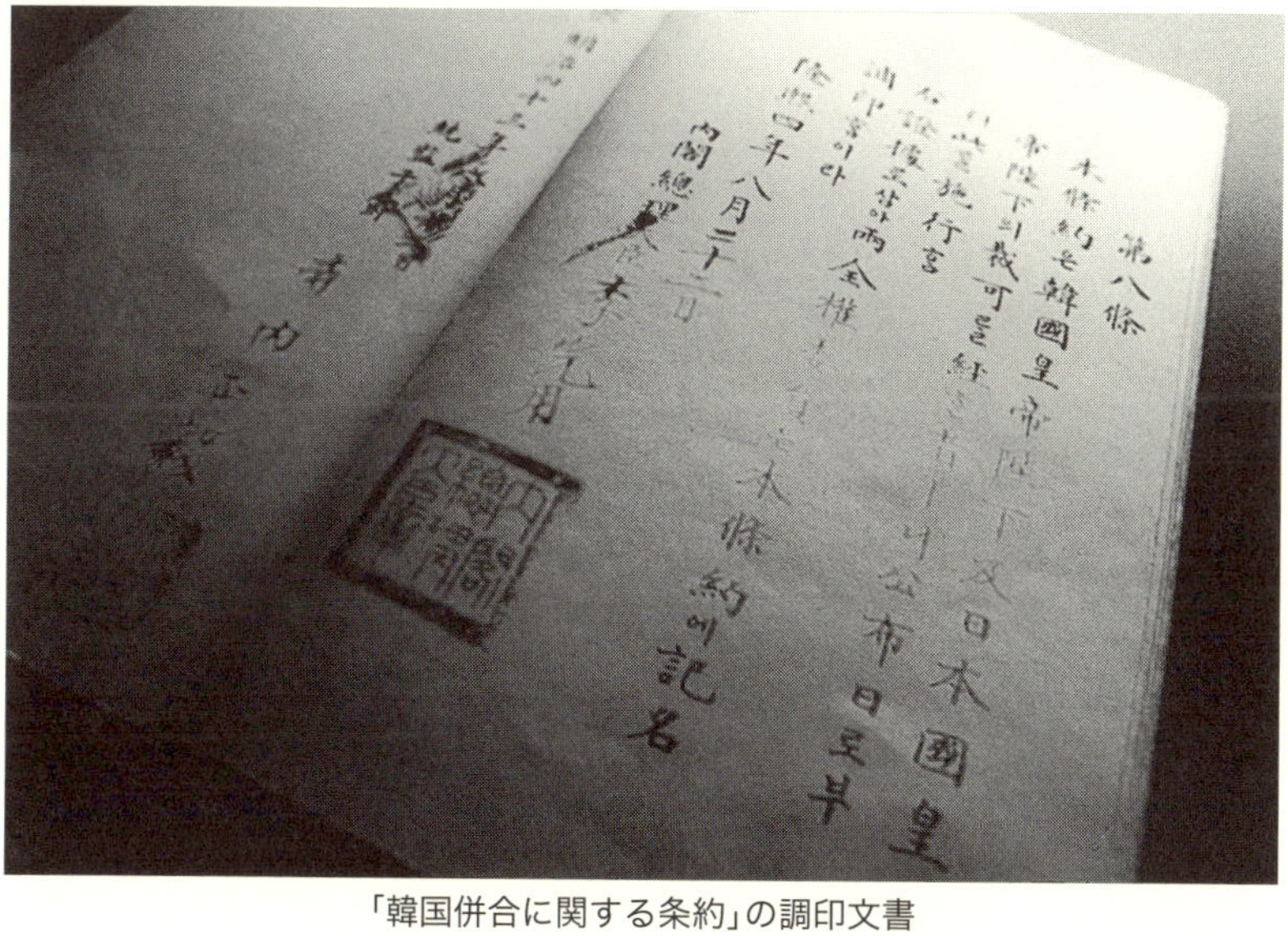

「韓国併合に関する条約」の調印文書

続けることになる。また日本の敗戦前の体制を美化しアジア太平洋戦争を正当化する勢力が、いつまでも力を持つことになった。

一九五一年九月八日に締結された「サンフランシスコ講和条約」で、米国による占領は終わって日本は「独立」。だが同じ日に、「敵」である中国・ソ連と対抗するための「日米安全保障条約」も調印された。こうして日本は韓国と同じように、米国との強固な軍事同盟に組み込まれ、政治や経済において対米従属から抜け出せない状況が現在にいたるまで続くことになった。そして米国の朝鮮半島政策を無条件に支持するようになった。

朝鮮戦争への加担で膨大な利益

アジア太平洋戦争で敗れた日本が、再び朝鮮半島と大きなかかわりを持つのは朝鮮戦争である。この戦争で、韓国・米国とともに「国連軍」として朝鮮と戦ったのは二二カ国。その中には日本は入っていないが、米韓軍にさまざまな形で多大な貢献をした。朝鮮植民地支配が終焉してからわずか五年後に、日本と直接に関係がない戦争の一方に大きく加担したのである。

当時、日本の占領政策を実施していた「連合国軍最高司令官総司令部」は、実質的には米軍だった。その最高司令官と同時に「国連軍」最高司令官になったマッカーサーは、日本占領が任務の「在日米軍第八軍」を朝鮮戦線へ投入。そしてマッカーサーは、占領下にある日本を戦争遂行のための巨大な兵站基地にしようとし、吉田茂内閣はそれを積極的に受け入れた。

戦争協力は日本国内での物資や労働力の調達、港湾・鉄道の使用、傷病兵の治療といったことにとどまらなかった。植民地支配下で朝鮮半島の事情を知った船舶と鉄道の技術者が、「国連軍」の下で働いたという。また大量の物資を輸送するため、可能な限りの日本の船舶をチャーターして海上輸送を行なった。日本で米軍に雇用された労働者は、最大時には約三〇万人にもなる。また、米軍が集めた数千人の日本人の港湾労働者が、韓国の港で働いたこともあった。

そして海上保安庁が延べ四六隻・約一一〇〇人の職員などを動員し、掃海艇による機雷掃海まで行なった。それは米軍が「敵前上陸」するために、元山《ウォンサン》・仁川《インチョン》・海州《ヘジュ》・鎮南浦《チンナンポ》（現在の南浦）・群山《クンサン》の港で実施された。一九五〇年一〇月一七日、元山で掃海作業をしていた「MS一四号艇」が機雷に触れて沈没。死者一人・重傷者一八人を出した。

「約八〇〇〇人程度の日本人が、朝鮮戦争における海上輸送において日本を離れて活動していたことになる。（略）朝鮮戦争勃発から半年間での日本人死亡者が五六名となる」（防衛研究所『朝鮮戦争と日本の関わり』石丸安蔵）

日本が行なったことは戦争への「協力」ではなく、戦争そのものへの「参加」である。またこうしたことがなければ、米軍は三年間も戦争を継続することは不可能だった。

米軍などによる物資の大量の買い付けによって、日本の企業は軍需産業を中心に「朝鮮特需」と呼ばれる膨大な利益を得た。米軍からの直接調達が約一〇億ドル、間接的なものが約三六億ドルといわれている。その商行為によって、どれほど多くの朝鮮人が殺されただろうか。まさしく「死の商人」である。

安全保障を米軍事力に頼った日本

一九五一年九月、日本は米国と「日米安全保障条約」を締結。これによって日本は、占領軍のうちの米軍だけの日本駐留を認めた。そして米国の「核の傘」に依存して、他国からの軍事攻撃を抑止する道を選んだのである。

一九六〇年一月に新たな「安全保障条約」を締結したことで、それまでの「日米行政協定」は「日米地位協定」へと改定される。これには、在日米軍基地の管理権は米軍が持ち、米軍への課税の免除や米兵の刑事裁判権などの在日米軍の権限を定めている。沖縄などでの米兵の犯罪でたびたび問題になってきたのが、公務執行中の場合は米軍に裁判権があることだ。

そして日本は、在日米軍の駐留経費を毎年一九六八億円（二〇一八年度）も負担している。この中には、米兵家族のための豪華な住宅や広大なゴルフ場といったものまで含まれる。それだけでなく、沖縄の辺野古への基地建設などの「米軍再編成費」や「沖縄に関する日米特別行動委員会（ＳＡＣＯ）経費」を合わせると四一八〇億円も日本が負担する大盤振る舞いなのだ。

「日本を取り巻く安全保障環境が一層厳しさを増す中、日米安保体制を強化し、日米同盟の抑止力を向上させていくことは、日本の安全のみならず、アジア太平洋地域の平和と安定にとって不可欠である」（外務省ウェブサイト）

このように、日本にとって極めて不利で不平等な「日米安保体制」を日本が積極的に支え、米国の「核の傘」に頼り続けているのは、朝鮮や中国からの「脅威」のために必要との考えからだ。

アジア太平洋戦争が終わってから七〇年以上が経っているにもかかわらず、朝鮮・韓国・中国とい

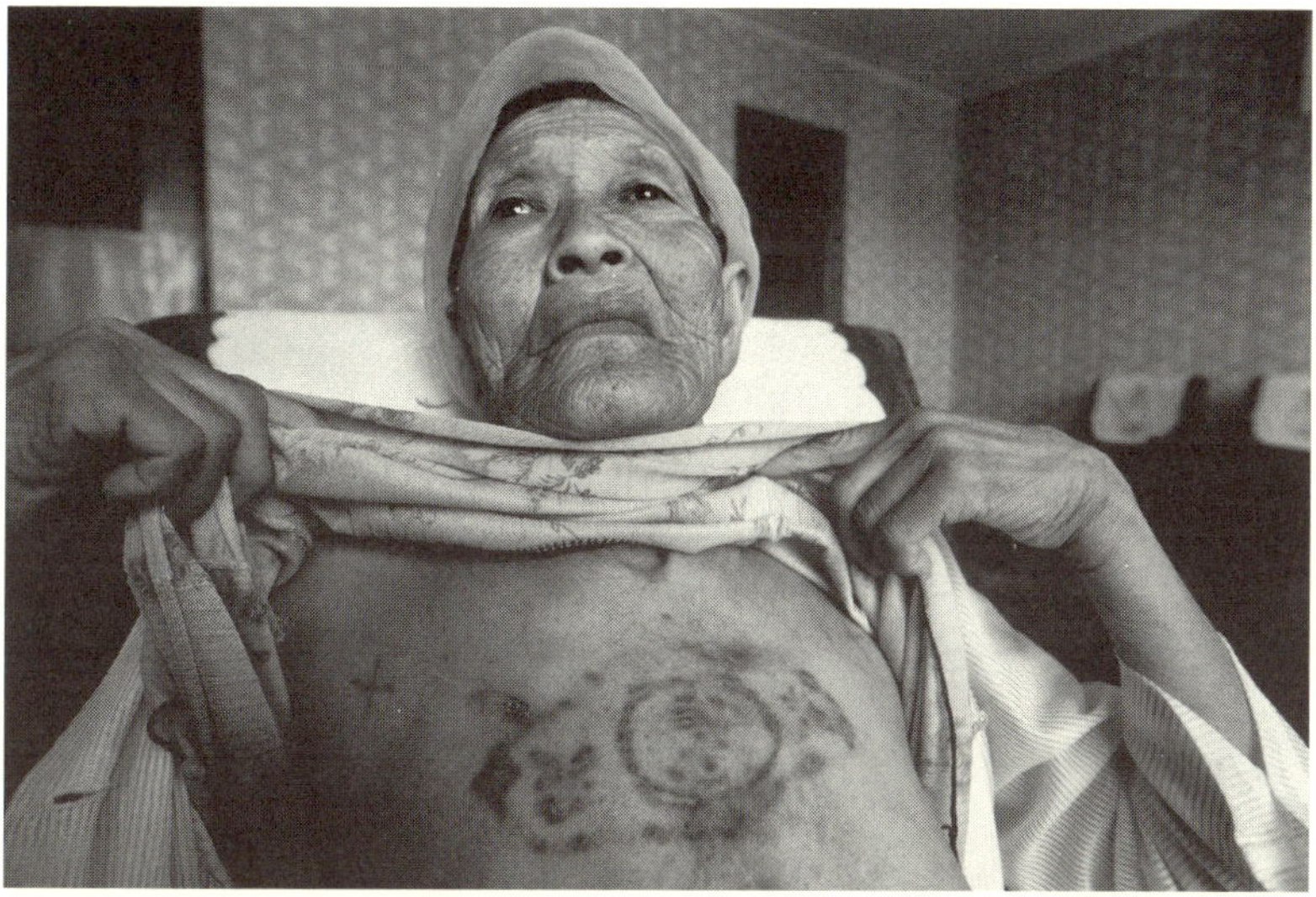

日本軍の性奴隷にされた鄭玉順（チョン・オクスン）さん。日本兵に刺青を入れられた

う隣国との関係が極めて悪いという状況は明らかに日本外交の失敗である。それは、侵略や植民地支配の清算を不十分なままにしていることが根底にある。

日本の軍事費は、五兆一九一一億円（二〇一八年度）にも膨れ上がっている。何かあれば隣国と極端に国家関係が悪くなるということを繰り返しているのは、日本が安全保障を軍事力強化と米国の「核の傘」に依存し、独自の外交努力を怠ってきた結果だ。

バッシングでよみがえる排外主義

現在の日本は、隣国である朝鮮・韓国・中国との関係が良くない。その原因は歴史認識やそれに由来する領土問題だ。日本は一九一〇年の「韓国併合」から朝鮮植民地支配をし、一九三七年の「日中戦争」から中国を侵略。そのことで、そこで暮らす膨大な数のアジアの人たちを傷つけ殺して財産を奪った。

問題なのは、日本がその加害について明確な謝罪と補償をしていないことである。国家間では「解決済」になったとしても、日本から被害を受けた人たち自身が納得しなければ解決したとはいえない。

日本による謝罪と補償は、実施しようとすれば簡単なことである。日本の総意として謝罪を示す方法として、国会決議が検討されたこともある。被害国への賠償と被害者への補償の支払いは、日本にとって負担になるようなものではない。にもかかわらず、日本政府は頑なに拒んできた。それは、侵略・植民地支配で得た領土を失ったことへの逆恨みの感情が根底にあるのだろう。またその過程で生まれた朝鮮人・中国人への差別意識が、現在に至るまで継続しているからだ。

二〇〇六年九月に安倍晋三が首相になり、拉致問題を理由とした極端な朝鮮へのバッシングを続けてきた結果、日本人の心の中に封じられていた民族排外主義の感情が表に出てきた。その攻撃対象は朝鮮にとどまらず韓国・中国へと広がっただけでなく、日本国内の社会的弱者をも標的とするようになった。米国のトランプ大統領は、メキシコとの壁の建設や海外からの移民受け入れの制限など排外主義的政策を行なっている。だが日本は、同じような思想を持つ安倍首相を早々と誕生させているのだ。

「平壌《ピョンヤン》宣言」への積極評価

私は、宋日昊《ソンイルホ》朝日国交正常化交渉担当大使に、二〇一七年四月と二〇一八年三月にそれぞれ三時間にわたって単独インタビューをした。その中で大使は『朝日平壌宣言』は首脳会談によるものなので非常に大切にしており、関係改善の里程標となっている」とした。金正日《キムジョンイル》総書記が署名した宣言は絶対的なものであり、あくまでも守ろうとしているのだ。このように朝鮮は「平壌宣言」を重視しながら、残留日本人・日本人妻、日本人埋葬地への墓参といった人道的課題で日朝関係改善のための対話

咸鏡南道（ハムギョンナムド）咸興（ハムフン）で暮らす残留日本人と日本人妻たち

をしようとしている。

大使は米国に関しても積極的な発言をした。

「（二〇一七年）四月一五日の閲兵式で登場した戦車などには『朝鮮人民の敵である米帝を徹底的に消滅しよう』と書かれていました。他国は米国の脅しに屈することがあっても、わが国は米国ととことんやるという立場です」

この米国への強気の発言に続け、「問題は日本が米国に追随していること。米国よりも先に、日本を攻撃してもおかしくないのが今の状況です。わが国が忍耐強く我慢しているのは、朝日人民が友好を大切にしているからです」と言及した。

日本政府は「北朝鮮の脅威」を一貫して煽り、米国による朝鮮への敵視と軍事的冒険に積極的な支持をしてきた。その極めて軽率で危険な行為に対し、日本のマスメディアは批判をせず、それに反対する広汎な市民運動も起きていない。

日本にはさまざまな国への人道支援や、アジア太

日本人集団埋葬地の一つの咸鏡南道富坪（プピョン）での発掘調査

平洋戦争において海外で死亡した日本人の遺骨の収容などについて積極的に取り組んでいる市民団体がある。ところがそうした活動をしている人たちであっても、朝鮮は対象になっていない。朝鮮のこととなると、政治的にリベラルであってもタブーであるかのように避けている。それは運動の理念が弱いこともあるが、日本政府による異常なまでの朝鮮敵視政策に縛られているのだ。日朝関係の改善は、政府間で行なえば良いというのではなく、民間レベルでのさまざまな形での交流も必要である。

日本は米国と異なり朝鮮は隣国であり、米国とは別の独自の立場がある。日朝国交正常化を目指し、日朝間のさまざまな課題を早急に解決するため、朝鮮との独自の外交交渉を始めるべきだ。そして日本は、米国が朝鮮との完全な友好関係を築くために、積極的に協力する必要がある。そのことが、東アジアの安定と平和のために求められている。

「祖国解放戦争勝利記念館」を訪れた新郎新婦とその友人たち

「夜会」で踊る青年たち

あとがき

私はアジア太平洋地域で、日本が行なった植民地支配と侵略の被害者や、日本が関係している大規模な環境破壊の取材をしてきた。それは二〇〇回近くにもなる。訪れた国は、中国・台湾・フィリピン・インドネシア・タイ・パプアニューギニア・マーシャル諸島・ツバル、そして韓国と朝鮮。

これらの国での取材で痛感したのは、世界には日本とは異なる多彩な文化や価値観があり、人々は経済的に豊かでなくても幸せな生活をしているということだ。自分が理解できなくても、そうした多様性を尊重しなくてはいけない。そしてどのような事件や社会的事象であっても、そうなるまでにはさまざまな経緯があり、それを知らなければ本質は理解できないということ。つまり、多様な視点で歴史的に捉えることが必要なのである。

朝鮮民主主義人民共和国（朝鮮）を初めて取材したのは一九九二年。私はそれまでに、日本軍性奴隷被害者、広島・長崎での被爆者、軍需工場などへ強制連行された人など、植民地支配・侵略の被害者取材のために韓国などアジア太平洋諸国へ通っていた。そのため、取材の「空白」地帯になっている朝鮮へも行くべきだと思い交渉を開始。一九九二年に初めて訪れた。その当時の私の朝鮮への認識は、日本のマスメディアの情報によるものしかなかったため、おっかなびっくりの思いでの訪朝だった。その一回では取材は終わらず、三九回（二〇一八年六月現在）も行くことになった。ちなみに大韓民国（韓国）へは四五回である。

朝鮮から取材許可を得るのは容易ではないため、この訪朝回数はかなり多いといえる。取材交渉は大変である。難しい取材を実現させるため、交渉のために平壌《ピョンヤン》まで行ったことが二度ある。また、現地での取材経費はかなり高額である。外国人が宿泊できるのは高級ホテルだけであり、滞在中の全期間にわたり運転手と自動車を確保する必要があるからだ。フリーランスのジャーナリストにとっては、身の丈に合わない大きな出費になる。にもかかわらず発表できるメディアが極めて少ない。

そうまでしてまで、なぜ朝鮮取材を続けるのか。それは日本では、隣国であるにもかかわらず朝鮮で現地取材した情報が絶対的に少ないからである。また朝鮮での取材を繰り返すうちに、マスメディアの朝鮮報道は事実誤認や嘘、偏見と悪意に満ちたものが極めて多いことを痛感。取材範囲を広げることにためらいはあったが、日朝間のその時々の課題に取り組むことにした。植民地支配の被害者取材を続けてきたことで、朝鮮で取材しやすい立場になったことが幸いした。

このような朝鮮取材の中で必然的に向き合わざるを得なかったのが、朝鮮と米国との対決の歴史である。米国だけでなく日韓などの強い反発を受けながらも、核兵器と弾道ミサイルの開発を積極的に続けてきた朝鮮。その理由について、日本では正しく理解されていない。

一九四五年八月の朝鮮半島の南北分断から続いてきた、米国による朝鮮への徹底した敵視政策。その中で米国は、極めて歪んだ朝鮮像をつくり上げた。敗戦後、米国に政治・経済で従属してきた日本では「朝鮮は何をするか分からない危険な国」との見方がすっかり定着してしまい、マスメディアを含め客観的に捉えることができなくなっている。私は長年のジャーナリスト生活の中で、取材対象とは一定の距離を保ち、冷静に客観的にみてきた。この朝鮮に対しても同様である。ところが、現地へ通い続ける私とマスメディアとでの朝鮮の捉え方の違いが大きくなってしまった。

次々と社会主義国がソ連などのように崩壊したり、中国のように「開放政策」へ転換したりする中で、朝鮮は自らの体制をひたすら守り続けてきた。それは米国からの強い軍事的圧迫を受ける中で、そのようにせざるを得なかったのだ。朝鮮をひと言で表現するならば、「世界の警察官」を自称してきた超大国と軍事的に対峙することになってしまったため、すべての力を集中して社会主義体制を無我夢中で守ってきた小さな国家。次々と危機が襲いかかる中で、建国の父である金日成《キムイルソン》主席の遺訓に反してまで核・ミサイル開発を進めた。また、拉致事件などの過ちも犯した。

こうした朝鮮を理解するには、現象的なことに目を奪われず長い歴史から捉える必要がある。ところがこうした当然なことが、現在の日本では行なわれていない。この本によって朝鮮の歴史と政治が正確に理解され、米朝だけでなく日朝の根本的な関係改善のために少しでも寄与することを願っている。

2018年7月1日、平壌にて

伊藤孝司

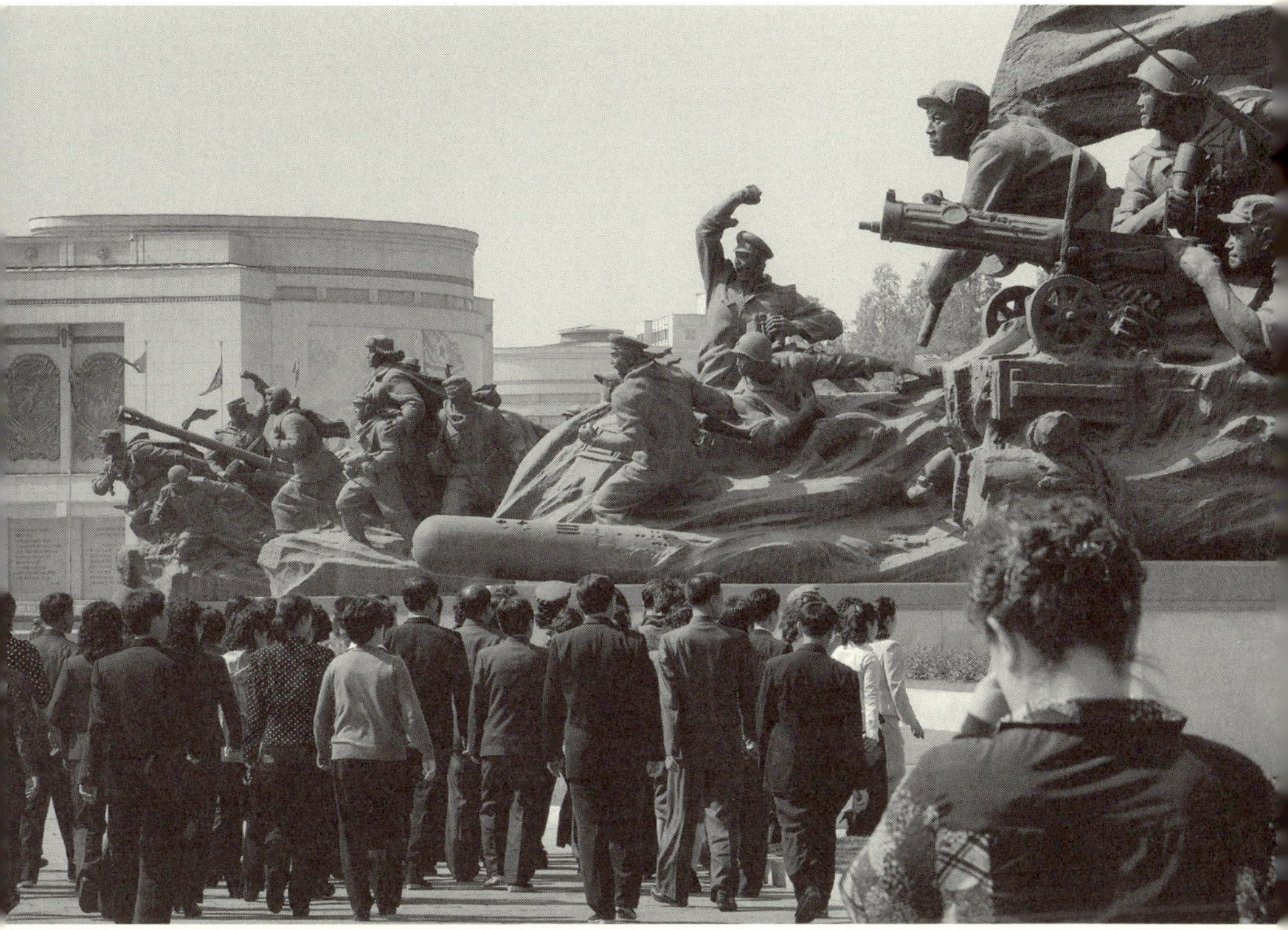

「祖国解放戦争勝利記念館」の戦う兵士像

伊藤孝司（いとう・たかし）

1952年長野県生まれ。フォトジャーナリスト。（社）日本写真家協会会員。日本ジャーナリスト会議会員。日本の過去と現在を、アジアの民衆の視点からとらえようとしてきた。アジア太平洋戦争で日本によって被害を受けたアジアの人々、日本がかかわるアジアでの大規模な環境破壊を取材し、雑誌・テレビなどで発表。

【著書】『無窮花（ムグンファ）の哀しみ――〔証言〕〈性奴隷〉にされた韓国・朝鮮人女性たち』『地球を殺すな！ 環境破壊大国・日本』『平壌からの告発』『破られた沈黙』（以上、風媒社）、『アジアの戦争被害者たち』（草の根出版会）、『棄てられた皇軍』（影書房）、『原爆棄民』（ほるぷ出版）など多数。

【上映作品】『ヒロシマ・ピョンヤン』『アリラン峠を越えて』『銀のスッカラ』『長良川を救え！』など多数。

【ウェブサイト】「伊藤孝司の仕事」 http://www.jca.apc.org/~earth/

【ブログ】「平壌日記」 http://kodawarijournalist.blog.fc2.com/ など。

朝鮮《ちょうせん》民主主義《みんしゅしゅぎ》人民共和国《じんみんきょうわこく》
——米国との対決と核・ミサイル開発の理由

2018年7月27日　初版第1刷発行
定価　1200円+税

著　　　者　伊藤 孝司

発　行　者　和田 悌二
発　行　所　株式会社　一葉社
〒114-0024　東京都北区西ケ原1-46-19-101
電話 03-3949-3492 ／ FAX 03-3949-3497
E-mail : ichiyosha@ybb.ne.jp
URL : https://ichiyosha.jimdo.com
振替 00140-4-81176

装　丁　者　松谷　剛
印刷・製本所　モリモト印刷株式会社

ISBN978-4-87196-073-1

一葉社の本

大川一夫 著　　四六判・112頁　1000円

訴因 安倍晋三

「森友事件」すべてはここから始まった！

裁かれるべき諸悪の根源は誰が見てもこの男

「アベゲート」火付け人・木村真豊中市議とタッグを組んだ人権派弁護士の著者が、法を駆使し、事実を積み重ねて醜悪な総理大臣のエセトリック（大うそ・ごまかし）とハレンチなレッドヘリング（目くらまし）を鋭く暴く！

【木村市議・証言インタビュー付き】

大川一夫 著

裁判と人権【改訂第5版】

——平和に、幸福に生きるための法律ばなし

四六判・288頁　2200円

「靖国訴訟」「水俣病関西訴訟」などの弁護士が、わたしたちの生命までをも左右する法律の基礎から実情、意義、真髄、あるべき姿までを自身の裁判体験からやさしく解き明かす。

宮本　新 編

宮本研エッセイ・コレクション

1・2巻既刊／全4巻

四六判・352〜380頁　3000円

今再び注目の戦後を代表する劇作家・宮本研——創作作品以外で生涯書き表した500編以上の膨大な文章のほとんどを、彼の精神の軌跡に沿って発表年順、テーマごとに初収録。

松本昌次 著

戦後編集者雑文抄

——追憶の影

四六判・280頁　2200円

「戦後の体現者たち」——長谷川四郎、島尾敏雄、宮岸泰治、秋元松代、久保栄、吉本隆明、中野重治、チャップリン、リリアン・ヘルマン、ブレヒト他に敬意をこめた証言集第3弾。

磯貝治良 著

うらよみ時評 **斥候《ものみ》のうた**

——地軸がズレた列島の片隅から

四六判・256頁　1800円

怪しく危ういオモテの空気、染まるな踊るな息がつまる——「在日朝鮮人作家を読む会」主宰40年の著者が、3.11以後のマスメディア主導の世相に、手づくり櫓から鐘打ち鳴らす。

磯貝治良 著

クロニクル二〇一五

四六判・424頁　2500円

これぞ晩年様式・暗黒郷小説の怪作！——老若男女7人が、徴兵制復活をことほぐイエロー国の片隅から「秘密のアベッコちゃん」に徒手空拳で立ち向かう……虚実交錯の物語。

メディアの危機を訴える市民ネットワーク 編

番組はなぜ改ざんされたか

——「NHK・ETV事件」の深層

A5判・500頁　2800円

07年1月末東京高裁は、NHKが安倍首相ら政治家の意を忖度して番組を改変したのは違法と認め、その責任を問う画期的な判決を出した。安倍晋三の許されない〝犯罪〟をここに告発！

（2018年7月末現在。価格は税別）